POCH[

ODILE JACOB

ARRÊTER DE VOUS FAIRE DU SOUCI

POUR TOUT ET POUR RIEN

ROBERT LADOUCEUR

LYNDA BÉLANGER – ÉLIANE LÉGER

ARRÊTER DE VOUS FAIRE DU SOUCI

POUR TOUT ET POUR RIEN

Odile Jacob

pratique

© ODILE JACOB, 2003, JUIN 2008
15, RUE SOUFFLOT, 75005 PARIS

www.odilejacob.fr

ISBN : 978-2-7381-2110-3

ISSN : 1767-2384

Avertissement
Trop de souci[1] nuit à la santé

Se faire du souci de temps à autre est normal, parfois même salutaire. En revanche, se faire du souci à propos de tout, sans pouvoir s'en empêcher, sans pouvoir s'arrêter, être préoccupé en permanence, envisager sans cesse de nouveaux scénarios catastrophiques est non seulement nuisible à la paix de l'esprit, mais contre-performant en termes de résultats et dangereux pour soi, sa santé, son équilibre personnel, son couple, sa carrière, ses proches...

Paradoxalement, ceux et celles qui se font du souci pour tout et pour rien négligent un point, fondamental : ils ne peuvent jamais trouver le repos, jamais se détendre, justement parce qu'ils sont constamment sur le qui-vive, constamment en train d'imaginer le pire. Ils ont beau sentir que la production ininterrompue de soucis produit chez eux un sentiment désagréable d'inconfort et de malaise — tension, fatigue, difficultés à se concentrer, troubles du sommeil,

---

1. Le terme « souci » est utilisé en Europe alors que le terme « inquiétude » est utilisé en Amérique du Nord pour traduire l'expression anglaise *worry*. Souci et inquiétude peuvent être utilisés de façon interchangeable.

mauvaise humeur, etc. —, ils se disent le plus souvent qu'ils sont comme ça, qu'ils l'ont toujours été et que personne n'y peut rien changer.

Ce guide voudrait justement vous prouver le contraire, à vous et à tous les anxieux de la terre. Nous l'avons volontairement conçu comme un outil d'information et de soins, afin de vous aider à apprendre, ou réapprendre, à mieux vivre — c'est-à-dire à vivre plus doucement, plus tranquillement, sans inquiétude inutile et sans anxiété excessive. Vous y trouverez, donc, toutes sortes de renseignements et de précisions sur le souci, mais aussi un programme complet, spécialement conçu pour vous. Quiz, questionnaires, exemples, exercices : tout est là pour vous permettre d'identifier vos soucis, de mesurer votre anxiété, de contrôler *vos* inquiétudes.

Dernière précision avant de commencer : nous avons clairement privilégié une approche, celle qui nous paraît la plus adaptée, à savoir : l'approche cognitivo-comportementale. Ne vous étonnez donc pas si nous insistons longuement sur les pensées et les comportements qui entretiennent vos inquiétudes. Et rassurez-vous : les stratégies que nous vous proposons ont été d'ores et déjà validées ; elles sont non seulement sûres, mais efficaces et faciles d'application. Cela fait des années, en effet, que notre équipe se consacre à la compréhension et à l'étude du souci.

Prenez le temps d'assimiler ce que vous lisez en le personnalisant, en l'ancrant dans votre réalité à vous : vos progrès n'en seront que plus spectaculaires. Et n'oubliez pas : reconnaître sa tendance à se faire trop de souci est crucial, un diagnostic précoce et juste peut éviter des années d'incompréhension et de souffrance inutile.

Et maintenant, à vous de jouer et bonne lecture !

Anxiété, quand tu nous tiens
Les caractéristiques du TAG

Qui n'a pas déjà éprouvé un état, généralement déplaisant, de tension, d'appréhension ou d'insécurité ? Qui n'a pas déjà eu la vague impression qu'un danger ou une menace le guettait sans qu'il y ait pourtant de raison ? Que ce soit la sensation d'oppression dans la poitrine, l'angoisse qui serre la gorge, l'agitation qui envahit, l'irritabilité grandissante, la tension, la nervosité, le stress, l'énervement qui fait tourner en rond, les raideurs dans le dos ou dans le cou, la fatigue qui se manifeste à tout propos, tous ces phénomènes peuvent indiquer un état d'anxiété. Quand ces sensations sont occasionnelles et n'entraînent pas de souffrance chronique, il n'y a pas lieu de se faire du souci : il est tout à fait normal et parfois même souhaitable d'être anxieux dans certaines situations. Toutefois, si la réaction d'anxiété dépasse un certain seuil, si les symptômes deviennent très intenses ou très fréquents, différentes complications peuvent apparaître. Parmi ces complications figure le TAG, ou trouble d'anxiété généralisée.

L'anxiété, c'est quoi ?

L'anxiété fait partie de la gamme variée des émotions humaines. C'est une émotion universelle qui aide chacun de nous à s'adapter aux conditions dans lesquelles il vit afin d'assurer sa survie et la survie de l'espèce. L'anxiété est donc une émotion normale. Tout le monde est anxieux de temps à autre.

Explication

Le mot « anxiété » vient du mot latin *anxius* qui signifie « esprit troublé à propos d'un événement incertain » et dérive d'une racine grecque qui signifie « enserrer » ou « étrangler ». Sans nécessairement porter le nom d'anxiété, le fait d'être troublé par un événement incertain et le sentiment physique d'être enserré ou étranglé sont décrits depuis fort longtemps, notamment par certains philosophes de l'Antiquité grecque.

De nos jours, l'anxiété est une expérience tellement répandue que chacun peut en donner des exemples. Mais pourquoi sommes-nous anxieux parfois ?

➤ *À quoi ça sert ?*

L'anxiété est une réponse adaptative à des événements de la vie courante ou au stress quotidien. C'est l'état qui accompagne l'appréhension d'événements susceptibles de porter atteinte au bien-être personnel. Cet état, ou cette émotion, n'entraîne pas nécessairement de conséquences négatives. Éprouver de l'anxiété peut améliorer nos performances en nous poussant à travailler mieux et plus vite afin d'éviter la conséquence négative qui risquerait de résulter si nous ne faisions rien. Pensons l'exemple d'un étudiant quelques jours avant un important examen : la réaction adaptative (appropriée), une fois reconnu l'état d'anxiété lié à la peur de ne pas réussir, sera d'étudier pour être fin prêt au jour J. Cette préparation achevée, l'anxiété va normalement se résorber. Autre situation où il est normal d'éprouver de l'anxiété : lorsqu'un symptôme physique anormal apparaît du jour au lendemain. L'état d'inconfort lié à l'incapacité d'expliquer ce qui se passe dans son propre corps va alors inciter à consulter.

➤ *Comment ça se manifeste ?*

La réponse que représente l'anxiété dépend de nombreux facteurs comme le type d'événement, la personnalité, l'humeur, la signification ou l'interprétation d'une situation. Cette réponse se manifeste sous plusieurs formes, varie selon plusieurs degrés de gravité et s'affiche selon diverses fréquences.

Quantité de signes physiques ou mentaux indiquent une réaction anxieuse. En consultant le tableau suivant, vous pourrez constater que certains symptômes sont associés à l'état d'anxiété, alors que d'autres en sont la conséquence. L'anxiété étant une émotion complexe, il est parfois difficile de l'identifier précisément ou de la distinguer d'autres émotions, comme la colère ou la peur. Pourtant, s'il est souvent périlleux de différencier certaines émotions, il existe des éléments clés, tels que nos pensées, qui permettent de les reconnaître et de les caractériser, mais, soyons honnête, c'est un exercice ardu qui demande beaucoup d'entraînement !

On peut classer les symptômes ou les manifestations d'anxiété en quatre grandes catégories :
• Les symptômes affectifs (ce que nous ressentons).
• Les symptômes physiologiques (qui se traduisent physiquement).
• Les symptômes comportementaux (ce que nous faisons).
• Les symptômes cognitifs (les pensées qui nous passent par la tête).

Quant aux manifestations qui sont le plus souvent rapportées et que vous êtes susceptible de ressentir si vous souffrez d'anxiété, en voici une liste indicative. Évidemment, ces symptômes ne sont pas tous présents en même temps, et leur manifestation varie d'un événement à un autre ou d'une situation à une autre.

Symptômes les plus fréquents associés à un état d'anxiété

Catégorie	Symptômes
Symptômes affectifs	Irritabilité, appréhension, impression d'être coupé de soi-même ou de la réalité, peur intense, impression d'un danger immédiat.
Symptômes physiologiques	Palpitations, tachycardie, douleur ou inconfort thoracique, sensation d'étouffement, gorge serrée, « boule dans la gorge », nausées, vomissements, difficulté à avaler, diarrhée, douleur à l'abdomen, douleur au dos ou dans le cou, tensions musculaires, tics nerveux, grincement des dents (bruxisme), maux de tête, impression de s'évanouir, sensation de faiblesse, étourdissements, tremblements, sensations d'instabilité, frissons, bouffées de chaleur, transpiration, pâleur, bouche sèche, troubles du sommeil, fatigue.
Symptômes cognitifs	Inquiétudes, difficultés de concentration, trous de mémoire, obsessions, pensées répétitives, peurs diverses (par exemple, peur de devenir fou, de mourir ou de perdre la maîtrise de soi).

Catégorie	Symptômes
Symptômes comportementaux	Attitude crispée, agitation, tremblements des mains ou des jambes, visage tendu, respiration rapide, évitement de certaines situations ou de certains endroits.

Quand l'anxiété est-elle anormale ?

Établir une distinction claire entre une réaction anxieuse « normale », « saine » et « utile » et une réaction anxieuse qui n'est rien de tout cela n'est pas facile. La plupart du temps, une réaction anxieuse est considérée comme anormale lorsqu'elle se produit sans cause apparente, quand elle paraît clairement exagérée par rapport au contexte ou encore lorsqu'elle devient chronique. Lorsque le degré d'anxiété est tel qu'il empêche quelqu'un d'accomplir les activités qu'il aime ou bien nuit à son travail, à ses relations avec son entourage ou à sa qualité de vie, on estime que l'anxiété éprouvée est devenue « anormale ». Une bonne façon de savoir si l'anxiété a atteint un niveau qui dépasse le seuil de l'acceptable consiste donc à en examiner les conséquences, par exemple sur les relations avec son entourage ou sur son travail.

Pour cerner l'incidence de cette émotion sur la qualité de vie personnelle ou pour découvrir l'étendue de la souffrance ou de la détresse, vous pouvez aussi vous poser la question suivante : « Est-ce que j'ai du mal à maîtriser mon anxiété ? » Si la réponse est oui et que vous rencontrez des difficultés à effectuer vos tâches quotidiennes ou à profiter de la vie, alors vous devez admettre que votre anxiété est devenue « anormale ».

Les différents troubles anxieux

L'anxiété est une expérience subjective, vécue de façon différente d'une personne à l'autre, mais certaines manifestations sont typiques, voire stéréotypées, ce qui permet de regrouper les manifestations dans une typologie. Les principaux troubles anxieux reconnus sont : le trouble panique avec ou sans agoraphobie, le trouble de stress post-traumatique, les phobies spécifiques, la phobie sociale, le trouble obsessionnel-compulsif et le trouble d'anxiété généralisée. Vous remarquerez que, parmi les symptômes présentés dans le tableau ci-dessus, certains sont propres à l'un ou l'autre trouble, mais que beaucoup se retrouvent dans la plupart des troubles. C'est la raison pour laquelle une analyse du problème personnelle est souvent nécessaire pour découvrir la nature précise du trouble. Le tableau qui suit répertorie les caractéristiques des principaux troubles anxieux et les symptômes qui y sont associés.

Caractéristiques principales des différents troubles de l'anxiété

Troubles	Caractéristiques (appréhension, souci, crainte, peur, etc.)	Symptômes le plus souvent associés
Trouble panique	Peur de perdre le contrôle de soi-même, de devenir fou, de mourir, de vomir, de perdre connaissance, de connaître une nouvelle attaque de panique.	Attaques de panique (poussées intenses d'anxiété délimitées dans le temps et marquées par une augmentation rapide des symptômes, l'atteinte d'un niveau critique et une résorption).

Troubles	Caractéristiques (appréhension, souci, crainte, peur, etc.)	Symptômes le plus souvent associés
		Principales manifestations : palpitations, étourdissements, vertiges, serrements à la poitrine ou à la gorge, sensations d'étranglement, bouffées de chaleur, transpiration, frissons, membres engourdis.
Agoraphobie	Crainte de lieux ou de situations qu'on associe aux malaises ou aux paniques qu'on ressent ou subit.	Évitement de situations ou de lieux où on a peur de voir apparaître les symptômes de panique et d'où on ne peut sortir rapidement.
Trouble de stress post-traumatique	Expérience d'un traumatisme grave mettant en danger sa vie ou celle d'une autre personne, impression nette de revivre l'événement, intrusion dans l'esprit d'images associées au traumatisme (« flashes »), cauchemars, rêves répétitifs, peur de revivre un tel événement, de mourir, de devenir fou.	Tensions musculaires, serrements à la poitrine ou à la gorge, sensation d'étranglement, agitation, sensation d'être survolté ou à bout de nerfs, irritabilité, maux de tête, intestin irritable, manifestations possibles d'attaques de panique.
Phobie simple (ou phobie spécifique)	Peur exagérée d'un objet (par exemple, un couteau), d'un animal, d'un lieu (endroits exigus ou clos), d'une situation.	Évitement de l'objet phobogène. Symptômes physiques au contact de l'objet ou à la seule évocation mentale de l'objet en question : palpitations, serrements à la poitrine ou à la gorge, sensation d'étranglement, transpiration.

Troubles	Caractéristiques (appréhension, souci, crainte, peur, etc.)	Symptômes le plus souvent associés
		Manifestations possibles d'attaques de panique, mais limitées à l'objet phobique.
Phobie sociale	Préoccupation excessive du jugement d'autrui, peur de commettre une erreur, d'être ridicule ou de rougir, inconfort dans diverses situations sociales.	Fuite ou évitement sur le plan social. Symptômes physiques ressemblant à ceux du trouble panique et de la phobie simple. Manifestations possibles d'attaques de panique, mais limitées aux situations sociales.
Trouble obsessionnel-compulsif	Présence d'obsessions, manifestations de compulsions (gestes ou actes répétitifs servant à soulager l'anxiété engendrée par l'image obsessionnelle).	Besoin irrépressible de vérifier, de nettoyer, d'accomplir certains gestes ou de se répéter certaines phrases mentalement. Anxiété intense si ces comportements ritualisés ne peuvent être exécutés.
Trouble d'anxiété généralisée	Présence de soucis excessifs à propos de différents sujets ; soucis difficiles à maîtriser ou à dominer.	Anxiété diffuse, mais qui n'est pas nécessairement circonscrite dans le temps. Symptômes courants : tensions musculaires, sensations d'être survolté, agité ou à bout de nerfs, problèmes de sommeil, difficultés de concentration, trous de mémoire.

Les bons mots sur les bons concepts

De nombreux termes sont utilisés pour décrire les troubles de l'anxiété. Certains sont même parfois utilisés, à tort, de façon interchangeable, ce qui a pour conséquence non seulement de semer la confusion entre les notions, mais de rendre difficile la compréhension des émotions associées à chacune de ces notions et encore plus difficile la détection de l'élément qui a déclenché l'émotion. Ainsi, Jean a-t-il réellement « peur » lorsqu'il songe au voyage en avion qu'il doit faire ou est-il plutôt « soucieux » à l'idée de voir le travail s'accumuler pendant ses deux semaines de vacances ? Marie est-elle vraiment « obsédée » par les chiens ou s'agit-il davantage d'une « peur intense » des chiens ? Pierre est-il seulement très « nerveux » ou souffre-t-il plutôt de poussées soudaines et intenses d'anxiété, aussi appelées « attaques de panique » ?

Si l'utilisation de ces différents termes dans un contexte familier est souvent sans gravité, en revanche, cette confusion de termes est gênante lorsque les difficultés atteignent un seuil critique et qu'il faut essayer de comprendre exactement ce qui se passe. Quand Pierre rencontre un spécialiste pour évoquer son problème, il doit être en mesure d'expliquer correctement ce qui lui arrive et ce qu'il ressent. S'il veut identifier le malaise dont il souffre et mieux le comprendre, il importe qu'il ait les mots justes pour le décrire. Nommer exactement un malaise constitue souvent la toute première étape vers le changement.

Pour vous aider à mieux faire les distinctions qui s'imposent, nous vous proposons maintenant un certain nombre de critères distinctifs et d'histoires emblématiques. Vous trouverez également des questionnaires pour vous aider à vous situer personnellement par rapport à la notion en question et pour vous permettre, en quelque sorte, de mieux vous connaître.

De l'anxiété au souci

Pour aller vite, disons que le souci réside dans le fait d'appréhender ou d'anticiper un événement futur qui risque d'avoir des conséquences déplaisantes ou négatives. Il se compose donc d'une suite de pensées, d'images et de doutes en rapport avec des événements négatifs qui pourraient avoir lieu dans l'avenir. Ce sont ces pensées, images et doutes qui s'accompagnent d'anxiété. Deux notions centrales sont ainsi à retenir :
• Le souci est une « forme de pensée ».
• Cette pensée est « accompagnée d'anxiété ».

Le souci est un phénomène « cognitif », il se rapporte à la prise de conscience des conséquences possibles d'une situation donnée. C'est donc une forme de pensée. On peut se soucier des incidences négatives potentielles d'une situation en train de se produire : dans ce cas, bien que la situation soit actuelle, ce sont les conséquences futures qui sont anticipées et appréhendées. On peut aussi se soucier des suites potentielles d'une situation ou d'un événement qui n'a pas encore eu lieu, voire qui a peu de chances de se produire.

Globalement, les soucis touchent à de nombreuses sphères de la vie : notre bien-être, nos réalisations professionnelles, l'état de notre porte-monnaie, la santé de nos proches, nos relations avec nos voisins, nos rapports avec notre patron, etc. En fait, il existe autant de sujets de souci que d'individus. Dans la très grande majorité de cas, le souci prend la forme d'un monologue intérieur ou de pensées verbales (on se parle à soi-même) plutôt que l'aspect d'images mentales. Les personnes souffrant du TAG disent avoir davantage tendance à se parler et à se raconter des histoires qu'à visualiser mentalement des scénarios.

Souci normal…

Lorsqu'on songe aux problèmes réels qu'on doit affronter, le souci (le fait d'appréhender ce qui pourrait se passer si une situation donnée survenait) aide parfois à mieux gérer l'ensemble de la situation et à trouver des solutions. Un souci normal est rarement considéré comme excessif, par rapport à la gravité ou à la portée d'une situation. Ainsi, on peut comprendre que Jean, qui vient de perdre son emploi, s'inquiète des incidences sur sa situation financière s'il reste longtemps sans emploi.

Un souci normal porte rarement sur des situations potentielles, c'est-à-dire des situations qui ne se sont pas encore produites et qui risquent peu de se produire. Un souci « normal » porte plutôt sur une situation concrète et actuelle ou qui arrivera sous peu.

➤ *François : « Il m'arrive de me faire du souci… »*

« Il est plus de 1 heure du matin. Maude, ma fille de 17 ans, n'est pas encore rentrée de sa soirée chez des copines. Je lui avais pourtant demandé de revenir à la maison avant minuit. Je sais bien qu'elle a toujours tendance à dépasser l'heure permise. Et puis, elle ne conduit pas depuis très longtemps ; j'espère qu'elle n'a pas eu de problèmes… Bon, elle doit encore être en train de discuter et elle ne voit pas le temps passer. Peut-être est-elle en train de regarder un film et a-t-elle oublié de me prévenir. Je me fais quand même du souci… Je vais téléphoner chez sa copine pour savoir ce qui se passe. »

… ou souci anormal ?

Un souci « anormal », ou plutôt « excessif » et « incontrôlable », porte sur d'éventuelles ou de lointaines situations, voire sur des situations très peu probables (« Et si ça arrive soudain ? Qu'est-ce que je vais faire ? »). Toutes les éventualités liées à cette situation qui n'est pas arrivée et qui n'arrivera peut-être jamais sont alors envisagées. Quelqu'un qui a des soucis excessifs et difficiles à dominer aura souvent tendance à imaginer et à associer la pire issue à la situation qui l'inquiète, et ce, tant pour les situations actuelles (qui sont réellement en train de se produire) que pour les situations potentielles. Souvent, le souci prend la forme d'un scénario où s'enchaînent les catastrophes.

➤ *Martin : « Je me fais toujours trop de souci. »*

« Claude, mon fils de 17 ans, n'est pas encore rentré de sa soirée chez des copains. Il est plus de 1 heure du matin. Je lui avais pourtant demandé de rentrer avant minuit. Je sais bien qu'il a tendance à dépasser l'heure permise… Après tout, il ne conduit pas depuis très longtemps… S'il avait eu un accident ? Et s'il avait bu et décidé de prendre quand même le volant ? J'espère que non ! Mais qu'est-ce que j'ai fait pour mériter ça ? Et s'il blesse quelqu'un ? Et s'il est gravement blessé ? Et s'il se tue ? Je n'y survivrais pas ! »

➤ *Un exercice pour vous :*
De quelle manière vous faites-vous du souci ?

Voici un exercice pour savoir si vous avez tendance à vous faire du souci de façon excessive.

• Prenez un papier et un crayon.
• Pensez à une situation qui vous inquiète (actuelle ou potentielle) et décrivez-la en détail, à la manière des deux exemples ci-dessus.
• Posez-vous ensuite la question suivante : « Peut-on dire que je me suis fait du souci de façon normale ou excessive à propos de cette situation ? »

Il peut être utile, voire nécessaire pour certains d'entre vous, de vous arrêter et de réfléchir un moment afin de déterminer ce qui vous a inquiété récemment ou ce qui vous inquiète de façon générale. Le prochain exercice, qui énumère des domaines susceptibles de constituer des motifs de souci, va vous permettre de trouver ce qui vous inquiète et surtout d'évaluer jusqu'à quel point vous êtes envahis par des soucis « anormalement » élevés.

➤ *Un exercice pour vous :*
Qu'est-ce qui vous inquiète et jusqu'à quel point ?

Les items recensés ci-dessous sont des motifs de souci pour la plupart d'entre nous. Évaluez jusqu'à quel point ces éléments ont suscité chez vous du souci au cours des derniers mois et attribuez à chacun d'eux une note selon l'échelle suivante :	

0 = Pas du tout
1 = Un peu
2 = Modérément
3 = Beaucoup
4 = Extrêmement

Une fois l'exercice terminé, consultez les résultats fournis tout à la fin afin de savoir comment interpréter vos réponses.

A	......	Les études ou l'école
B	......	Le travail

C	......	Les relations amoureuses
D	......	La sexualité
E	......	Les relations avec la famille ou les amis
F	......	Les relations interpersonnelles en général
G	......	Votre avenir personnel
H	......	L'avenir des autres
I	......	La maladie, la santé ou la mort (vous)
J	......	La maladie, santé physique ou la mort (les autres)
K	......	Votre santé mentale
L	......	La santé mentale d'autres personnes
M	......	Des symptômes liés à l'anxiété
N	......	L'alcool et la drogue
O	......	Votre sécurité personnelle
P	......	La sécurité d'autres personnes
Q	......	Vos finances personnelles
R	......	Votre apparence physique
S	......	Le temps (manque de temps, retards, etc.)
T	......	La société, l'environnement ou la situation mondiale
U	......	Des tracas quotidiens concernant le logement, le transport ou les loisirs
V	......	Des questions morales touchant la religion, l'existence, etc.
W	......	D'autres types de soucis non précisés dans le présent questionnaire. (Décrivez ces types de soucis avec vos propres mots et évaluez-les.)

Évaluation : Ce questionnaire permet de distinguer des thèmes généraux de souci que vous pourrez affiner ultérieurement. Il y a, au moins, deux façons de l'utiliser. Commencez par faire le total de tous vos points : plus votre score total est élevé, et plus vous avez tendance à vous faire du souci. Toutefois, vous pouvez aussi n'avoir qu'un ou deux motifs de souci, mais vous inquiéter beaucoup, voire excessivement, et être envahi par le souci. Le fait d'avoir inscrit une note de 4, ne serait-ce qu'à un seul des items, révèle la présence d'un souci anormalement élevé. Une note de 3 montre aussi un souci qui risque de devenir gênant ou grave si les tracas concernant l'objet en question nuisent à votre fonctionnement quotidien ou diminuent votre qualité de vie. Faites-donc tout particulièrement attention aux items que vous avez cotés 3 ou 4. Mémorisez bien les thèmes qui vous inquiètent plus que les autres.

Êtes-vous soucieux ou anxieux ?

Souci et anxiété ne sont pas synonymes. Alors que le souci se rapporte à la pensée, l'anxiété se rattache à la façon dont une personne se sent lorsqu'elle envisage des conséquences négatives. L'anxiété correspond à un ensemble de malaises qui se manifestent principalement de façon affective (c'est-à-dire par un sentiment ou une émotion) et physique (c'est-à-dire que les symptômes sont ressentis dans le corps) lorsqu'un danger est appréhendé. Voici quelques exemples de malaises dénotant un état d'anxiété : éprouver des tensions musculaires, se sentir agité, avoir le sentiment d'être survolté ou à bout des nerfs, être facilement sujet à la fatigue, avoir des difficultés à se concentrer, se sentir irritable, avoir un sommeil perturbé. On peut donc dire que l'anxiété est un état qui résulte de la présence de soucis excessifs. Quand Pierre dit qu'il se sent anxieux, c'est parce qu'il *ressent* des sensations ou des émotions particulières et non pas parce qu'il a en tête des appréhensions, des pensées ou des images mentales particulières.

➤ *Martin : « On dirait que je vais éclater ! »*

Reprenons l'exemple de Martin qui s'inquiète de façon excessive et incontrôlable à propos de son fils qui n'est toujours pas rentré à la maison. Lorsqu'il s'inquiète de cette façon, Martin se sent mal physiquement et émotionnellement : « J'ai la tête lourde, et les muscles de mon cou sont tendus. Je me sens agité. J'ai souvent l'impression de tourner en rond, un peu comme un lion en cage. Je suis irritable. Même si je suis épuisé et que je ne tiens plus debout, je n'arrive pas à m'endormir. » Martin éprouve un certain nombre des malaises associés à un état d'anxiété.

Êtes-vous anxieux ou bien avez-vous peur ?

L'anxiété et la peur se ressemblent beaucoup, mais, là encore, les termes ne sont pas synonymes. La peur est une émotion essentielle à la survie, qui apparaît lorsque l'on prend conscience d'un danger réel et reconnaissable. C'est donc une émotion fondée sur la réalité et adaptée à la situation, ce qui n'est pas toujours le cas de l'anxiété. La prise de conscience d'un danger provoque une émotion qui met en alerte un mécanisme de défense qui, à son tour, accélère les réactions physiologiques et aide à faire face au danger ou à l'éviter.

Le danger peut être immédiat (vous rentrez à la maison tard le soir et vous tombez sur deux sinistres individus qui portent votre téléviseur dans leurs bras). Il peut aussi être anticipé (vous marchez seul dans un quartier mal famé, à la tombée de la nuit, et vous craignez une agression). Se manifestent alors des sensations qui indiquent que notre système nerveux est stimulé : accélération du rythme cardiaque, augmentation du rythme respiratoire, picotements dans les bras et les jambes, etc. Si on vous demandait à ce moment-là comment vous vous sentez, vous répondriez sûrement : « Mal. » Toutefois, si vous preniez le temps de vous observer davantage, vous constateriez que la peur s'accompagne souvent de sentiments déplaisants : excès de désespoir, envie de courir ou de se cacher, sensation de faiblesse, étourdissements, vertige avoisinant la perte de connaissance.

➤ *Sébastien : « Sauve qui peut ! »*

Sébastien a 16 ans. Il est en bonne santé physique, il n'a pas tendance à se faire du souci immodérément et il n'a pas de peurs particulières. Très sportif de nature, il choisit généralement de se déplacer à pied. Au retour d'une soirée chez un copain, comme il marche pour rentrer chez lui, il rencontre deux hommes qui le menacent avec un couteau et lui ordonnent de leur donner son portefeuille ainsi que sa montre-bracelet. Sébastien raconte : « Je me suis mis à trembler. Mon cœur battait si fort que j'ai cru qu'il allait sortir de ma poitrine. Je paniquais tellement que ma tête tournait ; je ne savais plus où j'étais et j'avais très envie de courir. » Sébastien doit-il prendre ses jambes à son cou ou obtempérer sans broncher ? Il ressent une folle envie de courir, lance son portefeuille et détale à toute allure jusque chez lui. Soulagé et énervé, il continue de trembler comme une feuille pendant qu'il conte sa mésaventure à ses parents qui décident d'avertir la police. Sébastien se rend compte à ce moment que sa chemise est trempée tellement il a transpiré. Il décide de se changer, puis d'écouter de la musique afin de se calmer. Petit à petit, son cœur s'apaise, et ses muscles se relâchent. Ouf ! Il l'a échappé belle !

Avez-vous peur ou bien êtes-vous phobique ?

Une phobie est une peur disproportionnée par rapport au degré de danger que présente une situation. Ce n'est plus une réaction de peur normale et utile à la survie ; c'est une peur irrationnelle et exagérée. Prenons la phobie des chiens.

Il paraît tout à fait normal d'avoir très peur face à un chien féroce qui fonce droit sur vous en aboyant. Cette réaction ne constitue pas une phobie, même si vous avez une réaction intense de peur. En revanche, quelqu'un qui ressent une forte réaction de peur à la seule vue d'un chien tenu en laisse, sur le trottoir opposé, ou encore à la seule vue d'une image de chien, et qui évite les lieux ou les situations où il risque de rencontrer un chien, souffre très probablement d'une phobie des chiens.

Évidemment, il existe des phobies de toutes sortes. En voici un autre exemple.

➤ Josée : « Les insectes, quelle horreur ! »

Josée, 39 ans, est mère de trois garçons âgés respectivement de 7, 5 et 2 ans. Depuis son enfance, elle a peur de tous les insectes. Elle raconte : « Je n'ai jamais tellement aimé les bébêtes, mais, depuis quelque temps, j'ai constamment peur de me faire piquer. Si je le pouvais, j'éviterais de sortir pendant l'été. Mais, avec trois enfants qui adorent jouer dehors, il m'est difficile de rester dans la maison. Alors je sors, mais je me sens vraiment nerveuse. Mon cœur se met à battre très vite au moindre bourdonnement ou à la seule vue d'une fourmi. Je panique si une abeille ou une mouche tourne autour de moi ou de mes enfants. Il m'est même arrivé de faire une crise de nerfs après avoir été piquée par un moustique ! »

> *Un exercice pour vous :*
> *Quelque chose vous fait-il très peur ?*

Ce questionnaire présente différentes situations (événements, circonstances, conditions ou lieux) que vous pouvez avoir tendance à éviter parce qu'elles vous font peur, dans la réalité ou en imagination.
Première étape. Évaluez jusqu'à quel point vous pourriez éviter chacune des situations suivantes en raison de la peur qu'elles suscitent chez vous. Estimez cette tendance en utilisant l'échelle de 0 à 8 représentée ci-dessous.

1	2	3	4	5	6	7	8
Je n'éviterais jamais	... ...	J'éviterais occasionnellement	... ...	... ...	J'éviterais souvent	... ...	J'éviterais toujours

1. Les piqûres et les interventions chirurgicales mineures
2. Manger ou boire avec d'autres personnes
3. Entrer dans un hôpital
4. Voyager seul en autobus
5. Marcher seul dans des rues bondées
6. Être observé ou dévisagé
7. Circuler dans des magasins bondés
8. Parler à des personnes qui incarnent l'autorité
9. Voir du sang
10. Être critiqué
11. Quitter seul la maison
12. Penser à la maladie ou à un accident
13. Parler en public
14. Être dans un vaste espace
15. Aller chez le dentiste
16. Être aux prises avec votre principale phobie (peur). Désignez-la :
....
17. Autres situations. Décrivez-les :
....
....
Seconde étape. Évaluez jusqu'à quel point l'ensemble de ces peurs vous gênent ou nuisent à votre qualité de vie. Estimez le degré de gêne ou d'embarras à l'aide de l'échelle qui suit, en encerclant le chiffre approprié.

1	2	3	4	5	6	7	8
Ni gêné ni troublé	Un peu gêné ou troublé	...	Moyennement gêné ou troublé	...	Très gêné ou troublé	...	Extrêmement gêné ou troublé

Évaluation : Cet inventaire permet d'identifier des situations ou des objets qui provoquent une peur de nature phobique. Relevez les items auxquels vous accordez un score de 5 ou plus. Une note de 5 ou plus est à prendre au sérieux. Examinez ces situations attentivement. Si vous avez tendance à planifier vos activités quotidiennes pour éviter systématiquement une de ces situations, il est possible que vous souffriez d'une phobie. Les conséquences négatives sur votre qualité de vie pourront vous amener à consulter. Des traitements efficaces existent pour surmonter ce problème (voir liste des adresses utiles en fin d'ouvrage).

Êtes-vous phobique, soucieux ou obsessionnel ?

Comme le souci, l'obsession se passe dans la tête, et c'est aussi une forme de pensée. On la confond souvent aussi avec la phobie, car les obsessionnels disent fréquemment avoir « très peur » ou « extrêmement peur » qu'il arrive quelque chose de fâcheux à leurs proches, ou encore être « terrorisés » à l'idée que des microbes les contaminent. Pour autant, la forme de pensée qui engendre cette peur intense ou cette grande anxiété ne correspond pas à la peur phobique. En effet, l'obsession peut prendre l'aspect d'une image mentale ou d'une impulsion associée à l'appréhension négative d'un événement. Elle se présente généralement de façon répétitive (elle est plus fréquente) et intrusive (on ne s'y attend pas, et il n'y a pas de relation avec ce qu'on est en train de faire). En outre, le contenu en est généralement plus stéréotypé, c'est-à-dire que la pensée est presque toujours la même et ne varie guère d'une fois à l'autre. L'obsession est une pensée qui est souvent considérée comme étrangère à l'individu qui la subit et qui n'est pas de même nature que les pensées que l'on a habituellement ou que l'on s'attend à avoir.

Les obsessions les plus courantes sont la contamination (peur d'être contaminé en serrant la main d'une personne), des doutes répétés (se demander constamment si l'on a bien fait une chose, comme éteindre la cuisinière ou verrouiller la porte), le besoin de ranger des objets dans un ordre précis, la présence d'images sexuelles qui reviennent à l'esprit de façon récurrente (pornographie) et des impulsions agressives ou horribles (frapper son enfant avec un couteau de cuisine). À la différence du souci, il est peu probable que les obsessions soient liées à un problème de vie réelle.

L'obsession est souvent vue comme un phénomène étrange : la personne qui l'éprouve cherche à la chasser de son esprit, à ne pas en tenir compte ou encore à la neutraliser en lui substituant d'autres pensées ou d'autres actions. Il est très rare que les obsessions soient jugées utiles, alors qu'il est parfois salutaire de se faire du souci.

➤ Paul : « Je ne suis pas certain, je vais aller vérifier... »

Paul a 38 ans. Il est marié et père de deux enfants. Il a récemment perdu son emploi de rédacteur technique, car il n'arrivait plus à faire le travail qu'on lui demandait. Paul est extrêmement préoccupé à l'idée d'être responsable d'une catastrophe. Il a aussi souvent peur qu'un collègue perde son emploi à cause de lui.

Paul raconte : « Au boulot, j'étais sans cesse obligé de vérifier mon travail pour être certain de ne pas avoir fait d'erreur ou écrit des trucs insensés sur mes collègues au lieu des renseignements demandés. À la maison, je vérifie constamment si les appareils électriques sont éteints et si les ordures sont rangées au bon endroit. Je dois m'assurer qu'il n'y aura pas le feu dans le bac à ordures ou qu'un animal ne va pas se faufiler dans la maison pour fouiller dans les ordures. À cause de toutes ces vérifications, j'arrivais souvent en retard au boulot. J'ai reçu plusieurs avertissements… Je ne veux pas penser à tout ça, mais on dirait que c'est plus fort que moi. Je trouve ça tellement fou que je me demande si je ne suis pas moi-même en train de devenir fou. C'est tellement bizarre, je n'étais pas comme ça avant. » Depuis son licenciement, Paul peut passer des heures à effectuer les mêmes vérifications tant il est obnubilé par ses obsessions.

Pour aller à l'essentiel

Certains termes que nous utilisons dans le langage courant pour décrire comment nous nous sentons ou comment nous réagissons ne reflètent pas toujours précisément ce qui nous arrive. Connaître ce qui différencie ces notions permet de cerner avec plus de justesse la nature des malaises que nous éprouvons parfois, de mieux les définir et de mieux nous faire comprendre.

Malgré leur ressemblance apparente, souci, anxiété, peur, phobie et obsession ne sont pas synonymes. De la même manière, il faut pouvoir distinguer entre une anxiété normale et une anxiété anormale, entre un souci normal et un souci excessif. Les exercices et les questionnaires sont là pour vous permettre d'identifier les soucis, les peurs ou les malaises physiques dont vous souffrez peut-être.

CHAPITRE 2

Des soucis plus grands que nature
Reconnaître le trouble
d'anxiété généralisée

Suzanne se fait du souci à propos d'une multitude de questions relatives à la vie quotidienne. Elle a souvent l'impression que ses journées sont une longue suite de soucis :

« Je vais arriver à l'heure ce matin ? J'ai l'impression qu'il y a plus de circulation que d'habitude. Que va dire le patron si je suis en retard ? Mais ai-je bien mis deux goûters dans le sac d'école de Mathieu ? À cet âge, c'est tellement important. Et la petite qui a encore le rhume !... Encore une otite, c'est sûr, avec les nuits blanches et un autre antibiotique. Cela va-t-il finir un jour ? Et mon mari qui doit encore partir trois jours en déplacement… »

Suzanne pense à tout ce qu'elle va avoir à faire, à la façon dont il va falloir qu'elle s'organise : conduire les enfants à l'école et à la garderie, assister au cours de piano, etc. « Qui va garder la petite pendant le cours de piano de son frère où je dois rester ? Et si la petite est de nouveau malade, qui s'occupera d'elle comme il faut ? Je vais devoir prendre d'autres journées de congé. Encore ! Et si l'otite la rendait sourde ? Et si l'avion de Marcel s'écrasait ? Ah, non !

Je ne dois pas penser à ça ! Ce serait la catastrophe, ma vie serait horrible. Et les enfants ! Le chagrin serait insurmontable !… Franchement, pourquoi je pense à tout ça ? Je ne dois pas penser comme ça. Tout va bien se passer. »

Suzanne arrive au travail toujours soucieuse : « Ouf ! Je ne suis pas en retard, mais il s'en est fallu de peu. C'est vrai, il ne faut surtout pas que j'oublie de payer la facture d'électricité avant la date d'échéance… Franchement, je n'aime pas que Marcel soit obligé de voyager pour son travail, on ne sait jamais ce qui peut arriver à l'étranger… »

Le mari de Suzanne lui fait souvent remarquer qu'elle se fait trop de souci. Ses amis et ses proches le lui disent également. Suzanne objecte qu'elle a toujours été comme cela, et qu'elle n'y peut rien : se préoccuper des autres ou se faire du souci à propos de tout fait partie intégrante de sa personnalité. D'ailleurs, si elle ne se faisait pas de souci, qui le ferait à sa place ?

Les soucis excessifs ne portent pas nécessairement sur tous les domaines de la vie. André mentionne qu'il a toujours été enclin à se faire du souci à propos de sa performance au travail. Dans son entourage, on a tendance à dire de lui qu'il est perfectionniste.

André raconte : « Tout jeune, j'avais déjà peur de ne pas être capable de faire les mêmes choses que mes copains, par exemple bien dessiner, être un bon nageur, etc. En classe, j'avais peur de ne pas être à la hauteur et d'échouer aux examens. »

Toutefois, cette propension à se faire du souci s'est accentuée lors de son entrée à l'université. André a commencé à être tendu plusieurs semaines avant la date des examens, à avoir peur au moment de rédiger son mémoire, à craindre de ne plus pouvoir payer ses frais de scolarité. Il s'imaginait ne pas réussir et être malheureux toute sa vie.

À la naissance de son premier enfant : « J'avais l'air d'un bien bon papa en me faisant du souci à propos du poids du bébé — tout à fait dans la norme — ou de la quantité de lait qu'il buvait. Quand nous sortions, je m'inquiétais de savoir s'il était vêtu assez chaudement, j'avais peur qu'il attrape un rhume. Je m'interrogeais sur mon rôle de père. Je ne voulais pas que ma famille manque de quoi que ce soit. Et si les affaires au cabinet ralentissaient ? Et s'il y avait une faillite ? »

Autour de lui, on a tendance à s'attendrir et à le percevoir comme un « papa poule », mais André trouve ses préoccupations excessives, même s'il n'en touche pas un mot à ses proches. Il mentionne encore qu'au cours des deux ou trois dernières années, son travail au cabinet est devenu plus exigeant et que les inquiétudes semblent avoir pris le dessus. Désormais, il est continuellement tendu et nerveux. Il a décidé de consulter car il se sent fatigué tout le temps et pourtant il a beaucoup de mal à dormir.

Les grands indicateurs de tendance

La caractéristique principale du trouble d'anxiété généralisée est la présence de soucis excessifs et incontrôlables. Les soucis peuvent porter sur des situations concrètes et actuelles ou sur des problèmes potentiels.

– *Les soucis sont tenus pour excessifs* lorsqu'ils sont clairement exagérés ou démesurés par rapport à la situation : par exemple, penser aux conséquences possibles de l'écrasement de l'avion que doit prendre son conjoint ou prévoir qu'une otite pourrait rendre sourd son enfant (qui pourtant n'en souffre pas encore). Non seulement il lui est parfois difficile de reconnaître l'aspect excessif du souci, mais la personne atteinte d'anxiété généralisée affirme se faire du souci continuellement ou éprouver de la difficulté à maîtriser ses soucis qui gênent ses activités quotidiennes et nuisent à la qualité de sa vie.

– *Les soucis sont considérés comme incontrôlables* lorsqu'une personne ne parvient plus à se concentrer sur autre chose que ce qui la soucie.

Se faire du souci de la sorte cause une anxiété importante et a des répercussions tant sur l'état physique que sur la condition psychologique.

Parmi les malaises physiques et psychologiques les plus fréquents, citons l'agitation ou l'impression d'être survolté ; les tensions musculaires, la fatigue chronique, récurrente ou persistante ; les difficultés de concentration ; les trous de mémoire ; l'extrême irritabilité, les problèmes de sommeil. Outre des tensions musculaires, vous pouvez également éprouver des douleurs musculaires, des tremblements et une sensation de perte d'équilibre. D'autres symptômes somatiques — mains froides et humides, bouche sèche, transpiration, nausées, diarrhée, difficultés de déglutition, « boule dans la gorge », besoin fréquent d'uriner, brusques sursauts — sont aussi associés à l'état anxieux. D'autres malaises peuvent survenir, par exemple des céphalées (maux de tête, migraines, etc.), des problèmes gastriques (troubles digestifs et diarrhée), des douleurs chroniques, etc., mais leur relation avec le trouble d'anxiété généralisée, dit TAG, n'est pas encore clairement démontrée.

En matière de TAG, les soucis et l'anxiété sont tellement dérangeants qu'ils interfèrent avec les activités quotidiennes et nuisent à la qualité de vie. Les personnes souffrant d'un TAG disent très souvent se sentir mal à force de se faire trop de souci et avoir de la peine à accomplir tout ce qu'elles devraient ou voudraient faire à cause des soucis et de l'anxiété. Si certaines finissent *démoralisées et épuisées*, la plupart arrivent à fonctionner malgré tout, ce qui explique que, exception faite des intimes et des proches, le TAG soit rarement apparent pour les autres.

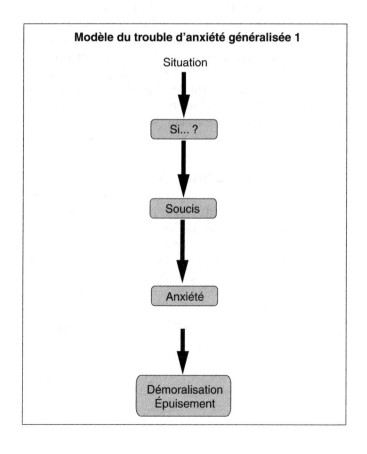

Modèle du trouble d'anxiété généralisée 1

Situation

Si... ?

Soucis

Anxiété

Démoralisation
Épuisement

En général, quand on souffre d'un TAG, on s'inquiète à propos de tout et de rien, de « petits » comme de « grands » problèmes : le bien-être de sa famille, son propre rendement au travail, conduire ses enfants à l'école, l'argent, etc. On se fait même du souci quand tout va bien... Dans la majorité des cas, ce sont des anticipations concernant des problèmes qui pourraient peut-être, éventuellement, possiblement, on ne sait jamais, arriver un jour... Toutefois, la plupart du temps, les personnes atteintes de TAG reconnaissent elles-mêmes que leurs soucis sont disproportionnés par rapport à la situation réelle et que l'événement à propos duquel elles se font du mauvais sang risque peu de se produire. Comme le dit Suzanne : « J'ai toujours l'impression que mes soucis sont beaucoup plus grands que nature ! »

Les paradoxes d'un trouble

Même si elles en souffrent, les personnes aux prises avec un TAG jugent globalement qu'il est utile de se faire du souci, même de façon excessive. Certaines en font même un élément positif qui les prépare au pire et leur évite de mauvaises surprises. On comprend mieux, du coup, qu'il soit difficile de leur faire accepter que cette propension à se faire du souci continuellement et excessivement est la source de leurs malaises et qu'elles auraient tout avantage à moins se faire de souci. Voici ce que répondent, par exemple, Suzanne et André quand on leur demande s'il est utile de se faire du souci :

– *Suzanne :* « Bien sûr ! Cela me permet d'envisager à l'avance toutes les solutions au cas où l'événement appréhendé se produirait. C'est comme une assurance que je prends au cas où. »

– *André :* « Évidemment ! C'est même ce qui m'a permis de réussir dans la vie. Si je ne m'étais pas fait autant de souci à propos de mes performances, je n'aurais peut-être pas pu réussir aussi bien au travail ou être un aussi bon père. »

Une variété de thèmes,
deux grands types de soucis

Les récentes études que nous avons conduites indiquent que, malgré la multitude de thèmes possibles, les soucis peuvent être classés en deux catégories : 1. les soucis qui ont trait à un problème actuel, à savoir une situation qui se produit dans le présent ou qui s'est produite récemment ; 2. les soucis qui concernent les conséquences possibles d'un problème éventuel, problème qui pourrait survenir un jour ou ne jamais survenir…

– *Nous appelons « soucis de type 1 »* les soucis qui se rapportent aux conséquences possibles d'un problème actuel. Quelques exemples ? Se soucier des répercussions du conflit qui vient d'éclater avec son patron ; se préoccuper du coût des réparations de sa voiture ; se faire du souci pour sa belle-sœur qui est en dépression ; craindre de ne pas être en mesure de faire tout le travail qui a été demandé initialement, etc.

– *Les « soucis de type 2 »* concernent un problème qui n'existe pas encore. Par exemple : se faire du souci du fait que ses enfants pourraient avoir un jour une maladie grave, alors qu'ils sont en pleine forme ; se faire du mauvais sang à propos de leur scolarité, alors que leurs résultats ont toujours été au-dessus de la moyenne ; avoir peur que son conjoint soit victime d'un crash en avion ; être préoccupé par l'idée de ne plus être performant et de perdre son emploi, alors que rien ne tend vers cet état de choses, etc.

On a longtemps pensé qu'il n'était pas possible, en comparant seulement les thèmes de soucis, de distinguer les soucis excessifs et les soucis normaux. Désormais, on sait que les personnes qui souffrent de TAG ont davantage de soucis de type 2 et se font davantage de souci au sujet de problèmes éventuels, dont la probabilité est très faible. Cela constitue, à notre sens, une caractéristique importante du trouble qu'il faut prendre en compte dans le traitement.

Mémo

— *Soucis de type 1* : soucis liés à l'anticipation des consé-quences négatives que pourrait entraîner un problème présent et réel.
— *Soucis de type 2* : soucis liés aux conséquences d'un pro-blème éventuel, dont la probabilité de survenue est extrême-ment faible.

Histoire de Martine

Martine a 43 ans. Elle est mariée et mère de trois enfants respectivement âgés de 16, 8 et 4 ans. Elle travaille à temps plein comme secrétaire depuis de nombreuses années. Dès la première rencontre avec le « psy », Martine se plaint de soucis qu'elle a de la difficulté à contenir et d'anxiété assez enva-hissante. Elle explique que, depuis son adolescence, elle a ten-dance à s'en faire pour toutes sortes de petites choses — « des choses à propos desquelles les autres ne semblent pas telle-ment se faire de souci », précise-t-elle.

Cette propension à se faire du souci s'est accentuée lorsqu'elle a eu son premier enfant. Depuis, les soucis semblent dominer son existence. Martine se fait du souci de façon démesurée à propos de ses enfants : quelles émissions de télévision peut-elle les laisser regarder ? Doit-elle les laisser fréquenter ce copain qui a, au moins, quatre ou cinq piercings sur le visage. Ne devrait-elle pas insister pour qu'ils poursuivent leurs cours de natation ? « Si jamais nous allions en vacances à la mer ou faire un tour de bateau et qu'ils tombent à l'eau… », etc. Martine se préoccupe également beaucoup de la sécurité et du bien-être de son mari, tout en admettant qu'elle s'en fait généralement pour rien. Il y a quelques années, sa mère est morte d'un cancer, et, depuis, malgré des examens médicaux réguliers, elle se fait beaucoup de souci à l'idée d'être atteinte de la même maladie et d'en mourir. « Que deviendraient mes enfants sans leur mère ? Qui s'occuperait d'eux ? »

Martine a aussi tendance à se faire du tracas à propos de ses collègues de travail. Elle tient absolument à faire bonne impression en toutes circonstances. Il lui arrive ainsi d'éviter certaines soirées professionnelles de peur de ne pas savoir comment se conduire et d'être mal jugée ou ridiculisée. En ce qui concerne son travail lui-même, Martine assume beaucoup de responsabilités et trouve qu'elle possède les compétences pour le faire. Mais, ces temps derniers, en raison d'une surcharge de travail, elle n'arrive pas toujours à respecter les échéances : ces retards l'inquiètent et la fatiguent en raison des heures supplémentaires qu'elle s'impose pour essayer, malgré tout, de tenir les délais.

L'évaluation diagnostique permet d'établir que Martine souffre d'un TAG important et d'une légère phobie sociale. Les soucis occupent ses pensées environ six heures par jour, et Martine ressent fréquemment les symptômes physiques suivants : maux de tête, agitation, fatigue, irritabilité et tensions musculaires.

➤ Un exercice pour vous : Avez-vous tendance à vous faire du souci un peu ? beaucoup ? énormément ? à la folie ?

• Assurez-vous d'abord de pouvoir profiter de quelques minutes de solitude.
• Prenez ensuite une feuille de papier et un crayon.
• À l'instar de Martine, décrivez votre situation actuelle en faisant ressortir les principaux sujets de vos soucis et les événements qui alimentent ces soucis.

➤ TAG ou pas TAG : comment savoir ?

Déterminer si on souffre ou non d'un trouble particulier n'est jamais évident. Pour s'assurer qu'il s'agit bien d'un TAG, plusieurs symptômes doivent être présents, et plusieurs autres absents. En outre, même si les symptômes physiques recensés se rattachent au TAG, un certain nombre d'aspects diagnostiques doivent être évalués afin de vérifier que le trouble n'est pas dû à autre chose. C'est pourquoi il est important de consulter un spécialiste (psychologue, médecin ou psychiatre) : celui-ci seul sera en mesure d'évaluer la nature du problème et, au bout du compte, de confirmer la présence d'un trouble d'anxiété généralisée. En attendant, les exercices proposés dans les pages qui suivent vont vous permettre de faire le point sur les difficultés que vous éprouvez.

➤ Faites votre propre diagnostic

Voici les critères qu'utilisent de nombreux spécialistes de la santé pour établir un diagnostic de trouble d'anxiété généralisée. Ce sont les critères détaillés dans la quatrième édition du *Manuel diagnostique et statistique des troubles mentaux* (DSM IV) de l'Association américaine de psychiatrie (APA).

Critères diagnostiques du trouble d'anxiété généralisée (DSM-IV)

L'anxiété et les soucis excessifs (attente avec appréhension) surviennent la plupart du temps durant au moins six mois et concernent un certain nombre d'événements ou d'activités (comme le travail ou les études).

La personne éprouve de la difficulté à contenir cette préoccupation. Dans ce cas, l'anxiété et les soucis sont associés à trois (ou plus) des six symptômes suivants (au moins quelques-uns de ces symptômes sont présents la plupart du temps durant les six derniers mois) ; pour un enfant, la présence d'un seul symptôme suffit :
— Agitation ou sensation d'être survolté ou d'être à bout.
— Fatigabilité.
— Difficulté de concentration.
— Irritabilité.
— Tension musculaire.
— Perturbation du sommeil (difficulté d'endormissement ou sommeil interrompu ou agité et non satisfaisant).

L'objet de l'anxiété et des soucis n'est pas lié aux manifestations d'un trouble principal, par exemple l'anxiété ou la préoccupation n'est pas celle d'avoir une attaque de panique (comme dans le trouble panique), ni celle d'être gêné en public (comme dans la phobie sociale), ni celle d'être contaminé (comme dans le trouble obsessionnel-compulsif), ni celle d'être loin de son domicile ou séparé de ses proches (comme dans le trouble de l'anxiété de séparation), ni celle de prendre du poids (comme dans l'anorexie mentale), ni celle d'avoir de multiples malaises somatiques (comme dans le trouble de somatisation), ni celle d'avoir une maladie grave (comme dans l'hypocondrie) ; en outre, l'anxiété et les préoccupations ne surviennent pas exclusivement en état de stress posttraumatique.

L'anxiété, les soucis et les symptômes physiques entraînent une souffrance cliniquement significative ou une altération du fonctionnement social, professionnel ou dans d'autres domaines importants.

La perturbation n'est pas due aux effets physiologiques directs d'une substance (ex. : abus d'une substance, d'un médicament, etc.) ou d'une affection médicale générale (ex. : hyperthyroïdie) et ne survient pas exclusivement en raison d'un trouble de l'humeur, d'un trouble psychotique ou d'un trouble envahissant du développement.

Deux questionnaires sont présentés dans les pages suivantes. Ce sont des instruments dont on se sert régulièrement pour l'évaluation clinique de l'anxiété généralisée. Ils permettent de faire le point sur les problèmes ou les difficultés. Le premier donne un aperçu de la tendance générale à se faire du souci ; le second a trait plus précisément à la nature et à l'étendue des soucis et de l'anxiété. En suivant l'évaluation du second questionnaire et en comparant les réponses aux critères diagnostiques du DSM-IV présentés plus haut, on peut se faire une idée de la présence et de l'ampleur du TAG.

➤ *Un exercice pour vous*

Premier questionnaire : Vous et vos soucis

Ce questionnaire évalue votre tendance générale à vous faire du souci. Il ne sert pas à établir un diagnostic de TAG. Le score obtenu à la fin de l'exercice vous permettra de juger si vous avez tendance à vous faire du souci.

Utilisez l'échelle suivante pour estimer jusqu'à quel point chacun des énoncés suivants s'applique à vous ou correspond à votre situation. (Inscrivez le chiffre correspondant à votre estimation devant chacun des énoncés.)

1	2	3	4	5
Ne correspond pas du tout	Correspond un peu	Correspond assez	Correspond beaucoup	Correspond extrêmement

1. .... Si je n'ai pas assez de temps pour accomplir tout ce que je veux faire, je ne me fais pas de souci.
2. .... Mes soucis me submergent.
3. .... Je n'ai pas tendance à me faire du souci à propos des objets, des êtres ou des événements.
4. .... Plusieurs situations m'amènent à me faire du souci.
5. .... Je sais que je ne devrais pas me faire de souci, mais je n'y peux rien.
6. .... Quand je suis sous pression, je me fais beaucoup de souci.
7. .... Je me fais du souci continuellement et à propos de tout.
8. .... Je me débarrasse facilement de pensées préoccupantes.
9. .... Aussitôt que j'ai fini une tâche, je commence immédiatement à me faire du souci au sujet de tout ce qu'il me reste encore à faire.
10. .... Je ne me fais jamais de souci.
11. .... Quand je n'ai plus rien à faire ni rien à penser à l'égard d'un tracas, je ne me fais plus de souci.
12. .... Je me suis fait du souci tout au long de ma vie.
13. .... Je remarque que je me fais du souci pour certains sujets.

14. .... Quand je commence à me faire du souci, je ne peux pas m'arrêter.
15. .... Je me fais du souci tout le temps.
16. .... Je me fais du souci au sujet de mes projets jusqu'à ce qu'ils soient menés à terme.

Évaluation et interprétation du questionnaire : Additionnez tous les chiffres attribués aux énoncés. Plus votre score total est élevé, plus vous avez, de façon générale, tendance à vous faire du souci.

Second questionnaire : Vous, vos soucis et votre anxiété

1. Quels sont les sujets à propos desquels vous vous faites le plus souvent du souci ?

    a) .... d) ....
    b) .... e) ....
    c) .... f) ....

2. Est-ce que vos soucis vous semblent *excessifs* ou *exagérés* ? (Entourez le chiffre correspondant à votre situation.)

0	1	2	3	4	5	6	7	8
Aucunement	...	...	...	Moyennement	...	...	...	Tout à fait

3. Au cours des six derniers mois, pendant combien de jours avez-vous été troublé par des soucis excessifs ? (Entourez le chiffre correspondant à votre situation.)

0	1	2	3	4	5	6	7	8
Jamais	...	...	...	Un jour sur deux	...	...	...	Tous les jours

4. Éprouvez-vous de la difficulté à maîtriser vos soucis ? Par exemple, lorsque vous commencez à vous faire du souci à propos d'un objet, d'une personne ou d'un fait, avez-vous de la difficulté à vous arrêter ? (Entourez le chiffre correspondant à votre situation.)

0	1	2	3	4	5	6	7	8
Aucune diffi- culté	...	...	...	Diffi- culté modé- rée	...	...	...	Diffi- culté extrême

5. Durant les six derniers mois, lorsque vous étiez soucieux ou anxieux, avez-vous souvent été troublé par l'une ou l'autre des sensations (ou symptômes) suivantes ? (Évaluez chaque sensation ou chaque symptôme à l'aide de l'échelle suivante.)

0	1	2	3	4	5	6	7	8
Aucu- nement troublé	...	...	...	Moyen- nement troublé	...	...	...	Grave- ment troublé

.... Agitation, surexcitation, nerfs à vif.
.... Tendance manifeste à la fatigue.
.... Difficulté de concentration ou trous de mémoire.
.... Irritabilité.
.... Tensions musculaires.
.... Problèmes de sommeil (difficulté d'endormissement ou de sommeil, sommeil agité et insatisfaisant).

6. Jusqu'à quel point l'anxiété ou le souci nuit-il à votre vie, c'est-à-dire à votre travail, à vos activités sociales, à votre famille, etc. ? (Entourez le chiffre correspondant à votre situation.)

0	1	2	3	4	5	6	7	8
Aucu- nement	...	...	...	Moyen- nement	...	...	...	Extrê- mement

Évaluation et interprétation des résultats : Ce second questionnaire reprend tous les critères diagnostiques du TAG et donne des indications sur votre profil psychologique. Attention, toutefois : le diagnostic qui peut apparaître ici doit absolument être vérifié et confirmé par un spécialiste lors d'un entretien clinique. Les réponses à ce questionnaire renseignent sur votre profil psychologique et laissent voir si ce profil s'apparente à celui des personnes souffrant d'un TAG.

À la première question de cet exercice, avez-vous inscrit au moins un sujet de soucis figurant parmi les objets de soucis généraux énumérés dans le questionnaire « Qu'est-ce qui vous cause du souci et jusqu'à quel point ? » (voir page 43). Si c'est le cas, avez-vous attribué une cote de valeur 4 aux questions 2, 3 et 4 du présent exercice et avez-vous donné une cote d'au moins 4 à 3 des six symptômes d'anxiété de la question 5 ? Si vous répondez oui à toutes ces questions, il est probable que vous souffriez d'un TAG.

Conseil

Ne laissez pas vos difficultés prendre le dessus. Agissez maintenant !

D'où vient le malaise ?

Si on souffre de quelque trouble d'ordre mental ou psychologique et qu'on désire recevoir un traitement approprié, il importe de déterminer quelle est la nature exacte du trouble en question. Comme nous le verrons plus loin, de nombreux troubles psychologiques peuvent ressembler de près ou de loin au TAG. Cependant, nous tenons à vous rappeler encore une fois à quel point il est primordial de consulter un spécialiste de la santé mentale si vous souffrez d'un malaise psychologique ou si vous ne vous sentez pas bien, c'est indispensable pour recevoir des soins adaptés.

➤ Le trouble panique

La caractéristique première du trouble panique est la présence d'attaques de panique récurrentes qui surviennent de façon imprévisible (c'est-à-dire sans qu'on s'y attende, si on tient compte de la situation ou du contexte où ces attaques se produisent) et qui constituent un motif d'un souci persistant. Une attaque de panique est une poussée soudaine et intense d'anxiété, de peur ou parfois même de terreur, associée à une impression de catastrophe imminente. Au cours de ces attaques, les symptômes suivants peuvent se manifester : souffle court, palpitations, douleur ou inconfort à la poitrine, sensation d'étranglement ou d'étouffement, peur de perdre la maîtrise de soi, de devenir fou, de mourir, etc. Le trouble panique peut s'accompagner d'agoraphobie, laquelle se définit par le fait d'éviter des lieux ou des situations par peur de ne pas pouvoir en sortir ou ne pas pouvoir obtenir de l'aide en cas d'attaques de panique.

Depuis quelque temps déjà, Jean a du mal à aller au restaurant, à faire ses courses au marché de son quartier ou à se rendre au cinéma. Il tente, dans la mesure du possible, d'éviter ces activités qui lui plaisaient pourtant beaucoup auparavant. Depuis le jour où il a dû quitter un restaurant tant il avait peur de s'y évanouir, Jean vit dans la crainte de revivre ces sensations désagréables. Cet état qu'il qualifie lui-même d'« état de panique » le préoccupe au point qu'il a l'impression de se faire du souci sans cesse.

➤ *La phobie spécifique*

La phobie spécifique se caractérise essentiellement par la présence d'une peur exagérée et d'une anxiété élevée en présence d'un objet ou à l'égard d'une situation précise. Cette peur, qui entraîne souvent des comportements de fuite ou de dérobade, est tenue pour exagérée, car l'objet qui est craint ne présente pas nécessairement de caractère dangereux : elle n'a aucune fonction de survie dans le contexte. Prenons, par exemple, la phobie des chiens. Un chien peut être un animal dangereux, mais tous les chiens ne le sont pas, ils sont tenus en laisse. Néanmoins, quelqu'un qui a la phobie des chiens va éprouver une très grande peur quand il se retrouvera en présence d'un chien ou qu'il en croisera un dans la rue, et cette peur va se manifester même si l'animal est tenu en laisse ou s'il est loin.

L'anxiété peut se manifester sous forme d'attaque de panique si la personne est entrée en contact avec l'objet phobogène (qui cause la phobie) ou doit affronter la situation dont elle a peur. Parfois, le seul fait de penser à l'objet phobogène suffit à engendrer de l'anxiété. Rappel : nous l'avons déjà mentionné, il existe toutes sortes de phobies, phobies des espaces exigus et clos, phobies des insectes, des animaux, du sang, des piqûres, etc. (voir page 14).

➤ *La phobie sociale*

La phobie sociale se caractérise par la présence d'une forte anxiété dans certaines situations sociales ou certains contextes de performance. Elle conduit souvent à adopter des comportements de fuite. Les symptômes somatiques peuvent ressembler aux symptômes du trouble d'anxiété généralisée ou à ceux du trouble panique, mais ils sont, en vérité, la conséquence de pensées liées à des situations sociales particulières ou bien résultent de l'exposition aux situations redoutées. Ces symptômes somatiques sont donc propres aux situations en question. Voici un exemple.

Au cours de réunions d'équipe, Ève doit régulièrement exposer son point de vue à ses collègues. Elle a beau travailler avec tous ces gens depuis plusieurs années, l'épreuve est exagérément pénible. Il lui arrive souvent de ressentir des bouffées de chaleur, d'avoir des palpitations et de sentir sa gorge se nouer. Ève a même l'impression que ses collè-

gues voient ses mains trembler. Elle est extrêmement préoccupée par ce qu'ils vont penser d'elle. La situation est de
plus en plus éprouvante, car Ève appréhende de plus en plus
ces réunions. Tantôt elle trouve un prétexte pour éviter d'y
aller, tantôt elle s'absente de son poste pour de ne pas y
assister. Bien qu'Ève ne soit pas foncièrement quelqu'un de
nature soucieuse, penser à des réunions sociales ou professionnelles la rend nerveuse.

➤ *Le trouble obsessionnel-compulsif*

Ce trouble a pour caractéristique essentielle la présence
simultanée d'obsessions qui entraînent de l'anxiété ou une
souffrance notable et de compulsions qui neutralisent
l'anxiété. La compulsion prend la forme d'un geste ou d'un
acte répétitif (se laver les mains, vérifier le bon état d'une
serrure, suivre un ordre de rangement strict) qui a pour fonction de réduire, de soulager ou de compenser l'anxiété (voir
l'exemple de Paul et sa manie de tout vérifier, page 29).

➤ *L'état de stress posttraumatique*

Ce trouble se caractérise par la reviviscence d'un événement extrêmement traumatisant. La personne qui en est
affectée a l'impression de revivre cet événement sous forme
d'images très nettes ou de rêves récurrents. La souffrance
éprouvée s'accompagne de symptômes d'activation physique et pousse à éviter tout ce qui peut rappeler l'événement
en question. Ainsi, quelqu'un qui a été témoin d'un grave
accident d'automobile sera incapable de reprendre la même
route. Il éprouvera un malaise insurmontable, reverra des
séquences de l'accident et deviendra fébrile à la simple évo-
cation de l'événement. Des cauchemars contenant des scè-
nes ou des images de l'accident le réveilleront en pleine nuit,

ce qui l'amènera même à souffrir d'insomnie. Toutes ces réactions négatives, intrusives et fragilisantes résultent d'un seul et même événement traumatisant.

Mémo

Le souci excessif est présent dans différents troubles mentaux, mais il ne se manifeste pas de la même façon que dans le TAG. La grande distinction tient notamment aux thèmes ou aux objets des soucis. D'où l'importance de procéder à une analyse détaillée du trouble avant même d'essayer de poser un diagnostic. L'objet du souci et la façon dont celui-ci se manifeste détermineront s'il s'agit d'un TAG, d'un trouble panique ou d'une phobie sociale. Il en va de même pour les autres troubles décrits plus haut.

➤ Troubles anxieux et troubles de l'humeur

Toutefois, les études ont montré que les personnes atteintes de TAG souffrent fréquemment d'un ou de plusieurs autres troubles. La comorbidité constitue plus la règle que l'exception. Il arrive également que les soucis présents dans un TAG rejoignent des préoccupations typiques d'autres troubles, comme la crainte de perdre connaissance propre au trouble panique, la peur de rougir ou la peur de prendre la parole propres à la phobie sociale ou l'anxiété relative à un objet précis caractéristique de la phobie simple. S'il est fréquent de souffrir de plusieurs troubles anxieux à la fois, les difficultés qui sont le plus souvent associées au TAG sont des troubles de l'humeur. On estime, en effet, que 80 % des personnes atteintes de TAG présentent aussi des symptômes dépressifs et qu'un bon nombre d'entre elles souffrent vraiment de dépression.

Une dépression majeure se caractérise par une humeur morose et douloureuse ou par la perte d'intérêt ou de plaisir à l'égard de presque toutes les activités qui étaient appréciées et aimées avant. Il s'agit d'un épisode qui persiste au moins deux semaines et durant lequel la lassitude, ou l'abattement, est présente presque toute la journée, voire toute la journée. Pour établir un diagnostic de dépression majeure, quatre des symptômes suivants doivent apparaître durant presque toute la journée : changement marqué de l'appétit ou du poids, du sommeil ou de l'activité psychomotrice, baisse d'énergie, autodépréciation ou culpabilité, difficulté à penser, à se concentrer ou à prendre des décisions, idées de suicide ou de mort ou plans de suicide récurrents et fréquents. Une personne atteinte de dépression souffre beaucoup, et son comportement sur les plans social et professionnel en est très souvent perturbé.

L'autre trouble de l'humeur dont souffrent fréquemment les personnes atteintes de TAG est le « trouble dysthymique ». Celui-ci se caractérise par une humeur dépressive chronique mais moins intense que dans le cas de la dépression majeure. La tristesse, le découragement et la dépréciation personnelle se manifestent une grande partie de la journée et au moins un jour sur deux depuis deux ans. Durant les périodes de « déprime », au moins deux des symptômes suivants se manifestent : changement sur le plan de l'appétit (faible appétit ou abus de nourriture aux repas), changement sur le plan du sommeil (insomnie ou hypersomnie), faible quantité d'énergie ou fatigue, faible estime de soi, difficulté de concentration ou de décision, sentiment aigu de désespoir.

Il est urgent de consulter un spécialiste lorsqu'un ou plusieurs troubles de l'humeur accompagnent un TAG. En effet, les difficultés tendent à s'accentuer rapidement et à se cristalliser, elles deviennent donc plus compliquées à traiter avec le temps. La présence d'un autre trouble complexifie toujours le choix du traitement, c'est tout particulièrement vrai lorsqu'il s'agit de troubles dépressifs.

Qui ? Quand ? Comment ?

Le TAG figure parmi les troubles d'anxiété les plus répandus : 4 à 5 % de la population en souffriraient, en effet. Ce trouble anxieux peut toucher n'importe qui. Cependant, comme de nombreux autres troubles d'anxiété, il affecte deux fois plus les femmes que les hommes. En outre, le TAG ne se limite pas aux adultes : les adolescents et les personnes âgées peuvent également souffrir de soucis excessifs. On estime que de 2 à 4 % des enfants et des adolescents seraient atteints de TAG. Des études portant sur des adolescents du Québec ont même révélé qu'environ 15 % des jeunes qui faisaient des études secondaires avaient tendance à se faire du souci de manière excessive. Chez les enfants comme chez les adolescents, il semble que les filles soient plus souvent touchées que les garçons.

➤ *Des jeunes...*

Chez les jeunes, les soucis gravitent plutôt autour de l'idée de performance, que ce soit à l'école ou dans les activités extra-scolaires. Même si leurs résultats ou leur rendement ne sont pas nécessairement évalués ou jugés, ces jeunes se font du souci à l'idée de ne pas être à la hauteur ou de ne pas être assez bons comparés à leurs camarades. Souvent, ils vont recommencer une tâche parce qu'ils trouvent qu'elle n'est pas assez soignée. Ces enfants et adolescents manquent de confiance en eux et ont constamment besoin d'être rassurés sur plusieurs plans : incendie qui se déclarerait dans la maison, panne de voiture qui empêcherait de se rendre à un rendez-vous, amour des parents, etc. Ces jeunes semblent aussi très préoccupés par la ponctualité et sont enclins au défaitisme, c'est-à-dire qu'ils ont tendance à voir les choses négativement (« même si elle nous a assuré qu'elle viendra, je ne pense pas que tante Andrée puisse venir nous voir à la fin de cette semaine » ; « je pense que mon copain m'invite à son anniversaire », etc.). À noter : pour établir un diagnostic de TAG chez un enfant, il suffit que soit présent un seul des symptômes somatiques (physiques) figurant dans la liste des critères diagnostiques du trouble d'anxiété généralisée (voir page 41).

➤ *... Et des moins jeunes*

Avec environ 7 % des personnes touchées, le TAG est sans doute le trouble anxieux le plus fréquent chez les personnes âgées. Toutefois, les symptômes du TAG apparaissent rarement après 65 ans ; il s'agit, dans la majorité des cas, d'un trouble qui a débuté plus tôt et qui s'est enraciné et consolidé avec le temps. Comme chez les adultes et les enfants, les femmes sont plus concernées que les hommes. Du moins sont-elles plus nombreuses. Le thème d'inquiétude porte le plus souvent sur la santé, les capacités physiques, la sécurité physique, la mort et la santé des enfants devenus adultes.

➤ Petit à petit

Le TAG débute de façon graduelle. Petit à petit, la personne se rend compte que ses soucis occupent une place grandissante dans sa vie et que les malaises causés par l'anxiété ne cessent de s'accentuer. S'il s'installe souvent dès l'adolescence, le trouble atteint généralement un seuil clinique vers l'âge de 20 ans, soit au moment où les difficultés deviennent suffisamment débilitantes pour que soient remplis les critères diagnostiques énumérés. Certains vont donc associer le début de leurs difficultés à un événement majeur (la naissance d'un enfant ou une maladie grave), ou à une épreuve, ou le fait d'avoir été victimes d'abus ou de négligence. Toutefois, la majorité des personnes souffrant du TAG n'arrivent pas à déterminer l'élément particulier qui a déclenché leurs soucis. Elles associent plutôt leurs symptômes à une accumulation de stress, de responsabilités ou encore à leur personnalité.

Comme le TAG est un trouble qui dure généralement longtemps s'il n'est pas traité, les objets ou les thèmes de soucis peuvent évoluer au fil du temps. En effet, les thèmes de soucis sont intimement liés à chaque âge de la vie. Par exemple, les adolescents vont se faire particulièrement du souci pour leurs études, les adultes vont se faire du souci pour leur avenir, leur travail, leur situation financière ou leurs enfants, alors que les aînés se font particulièrement du souci à l'égard de leur santé. À noter : les relations familiales comme les relations interpersonnelles en général figurent parmi les thèmes de soucis les plus fréquents chez les personnes souffrant de TAG, quel que soit l'âge.

Alors que le TAG fait partie des troubles anxieux les plus courants, il constitue de façon étonnante le trouble anxieux pour lequel on consulte le moins. Au moment où ils consultent, les patients disent en souffrir depuis vingt ans en moyenne. Plusieurs raisons peuvent expliquer cet état de fait.

– *Le TAG passe souvent inaperçu.* Les personnes qui en sont atteintes ont l'impression que se faire du souci fait partie intégrante de leur personnalité ; elles ont tendance à « normaliser » leur état, à atténuer leur problème ou encore à faire dépendre leur état de circonstances extérieures : « Il est normal de se faire du souci pour la sécurité de ses enfants, tant de choses terribles arrivent de nos jours. »

– *Les personnes atteintes de TAG consultent surtout leur médecin de famille*, se plaignent le plus souvent de la gêne ou du malaise suscité par les symptômes physiques associés au TAG. La présence de soucis excessifs et incontrôlables — caractéristique principale du trouble — passe donc inaperçue aux yeux du médecin, les patients qui souffrent du TAG ont souvent en même temps des maux physiques, et c'est pour ceux-ci qu'ils vont voir un médecin : syndrome du côlon irritable, insomnie, douleurs persistantes sans cause apparente (muscles, articulations, abdomen, poitrine, etc.), maux de tête, etc. L'attention est ainsi fixée sur l'aspect physique de la santé.

– *Le TAG est encore relativement méconnu.* Ce n'est que depuis peu que ce trouble est considéré comme un mal contraignant et délétère (voir l'historique du TAG, page 9).

De nombreuses raisons peuvent donc expliquer que les personnes atteintes de TAG ne consultent pas, même quand elles considèrent elles-mêmes que leurs soucis sont excessifs et qu'elles gagneraient à moins se faire de souci. Les principaux motifs invoqués sont :

• « C'est moi, je suis comme ça. »
• « On ne peut pas changer la personnalité des gens. »

• « Ça fait tellement longtemps que je suis comme ça, je ne pense pas qu'on puisse faire quoi que ce soit pour moi. »

• « J'ai toujours cru que j'étais seulement un peu nerveux. »

• « J'ai toujours cru qu'il fallait se faire du souci pour bien faire les choses. »

• « J'en ai parlé à mon généraliste qui m'a prescrit un médicament pour me calmer. »

• « Si je ne me fais plus de souci, qui va le faire à ma place ? »

• « J'aime mieux m'attendre au pire : ce sera moins dur si un malheur me tombe dessus. »

> *Un exercice pour vous :*
> *Pour quelles raisons n'avez-vous pas consulté ?*

• Prenez un papier et un crayon.

• Dressez la liste des raisons pour lesquelles vous n'avez jamais consulté à propos de vos soucis.

> *Un exercice pour vous : Pourquoi se faire du souci ?*

Ce questionnaire va vous aider à faire le point sur vos croyances propres et vous permettre de déterminer les fonctions que vos soucis remplissent (est-ce qu'ils servent, par exemple, à vous rassurer sur le fait que vous faites tout ce qui est en votre pouvoir pour qu'il n'arrive rien de fâcheux à vos proches ?).

Voici une série d'énoncés se rapportant à des soucis. Souvenez-vous des moments où vous vous faites du souci, et indiquez jusqu'à quel point ces énoncés vous semblent vrais. (Indiquez le chiffre qui vous paraît le plus adapté à votre cas devant chacun des énoncés.)

1 = Pas du tout vrai
2 = Un peu vrai
3 = Assez vrai
4 = Très vrai
5 = Tout à fait vrai

1. .... Si je ne me faisais pas de souci, je ferais preuve d'insouciance et d'irresponsabilité.
2. .... Si je me fais du souci, je serai moins ébranlé quand des événements imprévus se produiront.
3. .... Je me fais du souci pour savoir quoi faire.
4. .... Si je me fais du souci à l'avance, je serai moins déçu si quelque chose de grave arrive.
5. .... Le fait de me faire du souci m'aide à planifier mes actions pour résoudre un problème.
6. .... Le simple fait de me faire du souci peut empêcher les malheurs d'arriver.
7. .... Si je ne me faisais pas de souci, cela ferait de moi une personne négligente.
8. .... C'est en me faisant du souci que je finis par entreprendre le travail que j'ai à faire.
9. .... Je me fais du souci parce que je pense que cela peut m'aider à trouver une solution à mon problème.
10. .... Le fait de me faire du souci prouve que je suis une personne qui veille à ses affaires.
11. .... Trop penser à des événements positifs peut empêcher qu'ils se produisent.
12. .... Le fait de me faire du souci confirme que je suis une personne prévoyante.
13. .... Si un malheur arrive, je me sentirai moins responsable si je me suis fait du souci avant.
14. .... En me faisant du souci, je peux trouver une meilleure façon de faire.
15. .... Le souci me stimule et me rend plus efficace.
16. .... Le fait de me faire du souci m'incite à passer à l'action.
17. .... Le simple fait de me faire du souci diminue le risque qu'un événement grave arrive.
18. .... Parce que je me fais du souci, je fais certaines choses que je ne me déciderais pas à faire autrement.
19. .... Le fait de me faire du souci me pousse à faire ce que je dois faire.
20. .... À eux seuls, mes soucis peuvent diminuer le risque de danger.
21. .... En me faisant du souci, j'augmente mes chances de trouver la meilleure solution.

22. .... Le fait de me faire du souci me permettra de me sentir moins coupable si un événement grave se produit.

23. .... Si je me fais du souci, je serai moins triste lorsqu'un événement négatif arrivera.

24. .... Si on ne se fait pas de souci, on peut attirer les malheurs.

25. .... Le fait de me faire du souci prouve que je suis quelqu'un de bien.

Évaluation et interprétation : Il y a plusieurs façons d'utiliser ce questionnaire. Commencez par additionner les scores : plus votre score total est élevé, plus vous avez de croyances erronées sur l'utilité de vos soucis, et plus ces croyances sont intenses. Dans un second temps, procédez au classement de vos réponses. Il arrive, en effet, qu'on entretienne certains types de croyances plutôt que d'autres et que ces croyances entretiennent à elles seules des soucis excessifs. Cinq ordres ou grands types de croyances sont présents dans le questionnaire ci-dessus. Ils ont trait aux éléments suivants :

1. La résolution de problèmes : « Me faire du souci m'aide à résoudre mes problèmes » — items 8, 15, 16, 18 et 19 ;

2. L'incitation à entreprendre une activité : « Me faire du souci me pousse à agir » — items 3, 5, 9, 14 et 21 ;

3. L'anticipation des émotions négatives : « Si je me fais du souci, je serai moins déçu » — items 2, 4, 13, 22 et 23 ;

4. La pensée magique : « Si je me fais du souci, il y a moins de risques qu'un événement négatif survienne » — items 6, 11, 17, 20 et 24 ;

5. La personnalité : « Me faire du souci pour les autres signifie que je suis une personne responsable » — items 1, 7, 10, 12 et 25.

Classez vos croyances d'après ces cinq grands types et relevez les énoncés où vous avez inscrit des 4 et des 5. Quels types de croyances vous concernent le plus ?

Rien ne va plus !

Jusqu'au début des années 1990, le TAG était souvent décrit comme un des troubles anxieux les moins handicapants — comparé au trouble panique par exemple. On pensait qu'il n'avait pas beaucoup d'incidences négatives et qu'il était normal de composer avec ce trouble. De récentes études ont montré, à l'inverse, que les personnes atteintes de TAG souffraient beaucoup plus qu'on l'imaginait et que les répercussions de ce trouble affectaient plusieurs domaines de l'existence.

La majorité des personnes aux prises avec un TAG consultent à un moment ou à un autre, nous l'avons vu, pour leur problème d'anxiété, mais comme au moins la moitié des patients rencontrent un médecin généraliste et font état, en premier lieu, de maux physiques — fatigue, tensions musculaires ou difficultés de sommeil. Comme elles perçoivent très souvent leur tendance à se faire du souci comme un trait intrinsèque de leur personnalité, elles ne mentionnent pas cet élément au médecin qui va, donc, examiner et traiter les symptômes physiques : le trouble psychologique sous-jacent peut ainsi échapper à toute investigation médicale.

On décèle souvent un TAG chez des patients présentant des douleurs à la poitrine qui ne sont pas liées à une maladie cardiaque causale ou à un syndrome du côlon irritable. Ces personnes consultent donc pour des symptômes physiques tout en ignorant que leur propension à se faire du souci peut provoquer et entretenir ces symptômes. Dans le cas de personnes souffrant du syndrome du côlon irritable, la reconstitution de l'histoire des symptômes physiques et psychologiques révèle dans la très grande majorité des cas que la tendance excessive au souci a précédé l'apparition du trouble physique. Le fait que patients et professionnels de la santé ne voient pas dans la tendance à se faire du souci une difficulté majeure et singulière, méritant une attention particulière, entraîne une utilisation inappropriée, voire excessive, des services médicaux, qui n'atténue en rien la souffrance psychologique et physique qui, elle, persiste.

Or, à long terme, le TAG suscite l'épuisement et la démoralisation. Rappelons que la dépression constitue une des complications les plus fréquentes du TAG, et elle n'est pas la seule : la consommation de drogues ou l'abus d'alcool en sont d'autres. L'alcool a d'ailleurs longtemps été utilisé comme une substance anxiolytique dans des sirops et des préparations prétendument thérapeutiques. De nombreuses personnes aux prises avec un problème d'anxiété boivent pour apaiser leur malaise, du moins pour en atténuer le contrecoup physiologique, ce qui aggrave le problème, car elles ne cherchent plus, alors, à se faire aider convenablement. Dans un tel contexte, la consommation répétée d'alcool ou de drogues augmente le risque de dépendance. Sur le plan professionnel, le TAG peut avoir des effets néfastes en augmentant l'absentéisme, les besoins de rendement, voire les risques de perte d'emploi. Autrement dit, le TAG réduit la qualité de vie.

Les études indiquent que le TAG ne connaît jamais de rémission complète spontanée ; il ne guérit pas tout seul avec le temps. Sans traitement adapté, il évolue vers la chronicité. Les symptômes vont généralement s'accentuer, devenir de plus en plus difficiles à supporter, de plus en plus envahissants dans la vie quotidienne. En même temps, les risques de complications s'élèvent : dépression majeure, dysthymie (perte de plaisir et d'intérêt pour ce qu'on aimait faire auparavant), douleurs physiques récurrentes que des examens médicaux n'élucident pas, etc. Il est donc important de consulter !

Mémo

Le TAG ne guérit pas tout seul…

Du malaise au trouble : petit historique

Avant d'être désigné par le nom de trouble d'anxiété généralisée, le TAG a reçu différentes appellations. On parlait ainsi d'« anxiété flottante », d'« anxiété non spécifique » ou « d'anxiété diffuse ». On l'évoquait quand le patient ne remplissait pas les critères des autres troubles anxieux. D'ailleurs, on a longtemps cru que le TAG était une réaction d'anxiété envahissante liée à des facteurs existant de façon constante dans le milieu de vie des personnes concernées, mais qu'il était impossible d'en déterminer la source exacte. La définition du TAG est ainsi demeurée vague et controversée durant de nombreuses années.

C'est en 1980 que, pour la première fois, le trouble d'anxiété généralisée a été reconnu officiellement, avec la publication, par l'Association américaine de psychiatrie (APA), de la troisième édition du *Manuel diagnostique et statistique des troubles mentaux* (DSM-III). À l'époque, le diagnostic de TAG ne pouvait être établi qu'en l'absence de tout autre trouble mental, puisque, selon le DSM-III, l'anxiété généralisée constituait un symptôme essentiel de plusieurs autres troubles mentaux. Cette façon de diagnostiquer le TAG ne tenait donc toujours pas compte convenablement des personnes luttant contre des soucis excessifs.

Il a fallu attendre 1987, année de publication de la version révisée du DSM-III (le DSM-III-R), pour que le TAG fasse l'objet d'un diagnostic particulier, même concurremment avec un autre trouble. Sur les quatre catégories de symptômes figurant dans les critères du DSM-III, la catégorie « attente craintive » est devenue le premier critère permettant de reconnaître ce trouble anxieux. Il était également précisé que l'anxiété et les soucis injustifiés ou excessifs — ou l'attente craintive — devaient concerner, au moins, deux situations ou événements et qu'ils devaient se manifester plus d'un jour sur deux pendant six mois ou plus (APA, 1987). Le DSM-III-R spécifiait toutefois que, si un autre ou plusieurs autres troubles étaient diagnostiqués, les soucis et l'anxiété devaient être indépendants de celui-ci ou de ceux-ci. Ainsi, si la volonté de mieux cerner le TAG était indéniable, certains aspects continuaient de rendre difficile le processus diagnostique. Non seulement la définition d'un souci injustifié restait ambiguë, mais il fallait s'occuper d'un nombre élevé de symptômes somatiques, dont près de la moitié faisait aussi partie des critères établissant une attaque de panique. Ces symptômes communs entretenaient une réelle difficulté à différencier le TAG du trouble panique.

La plus récente édition *du Manuel diagnostique et statistique des troubles mentaux* (le DSM-IV, 1994) a apporté un éclairage nouveau et déterminant. La notion de soucis excessifs et injustifiés a été remplacée, à juste titre, par celle de soucis excessifs et difficiles à dominer. Il est, en effet, souvent ardu d'isoler les critères permettant de distinguer les cas où un souci est justifié de ceux où il ne l'est pas. Le thérapeute et son patient reconnaissent plus facilement un souci s'il est excessif au regard de la situation à laquelle il se rattache. Dans la même perspective, le DSM-IV a inclus explicitement un critère relatif au contrôle des soucis et aux incidences quotidiennes qui en découlent. Ainsi, en établissant le degré de contrôle du patient, le clinicien évalue indirectement l'aspect excessif du souci.

Ces modifications apportées aux critères diagnostiques et à la définition du TAG se sont ajoutées aux deux éléments fondamentaux déjà présents dans le DSM-III-R, à savoir que le TAG occupe dorénavant une catégorie diagnostique primaire et que les soucis forment la caractéristique principale de ce trouble anxieux.

Pour aller à l'essentiel

Les caractéristiques principales du trouble d'anxiété généralisée et les critères diagnostiques sont désormais décrits dans le DSM-IV (APA, 1994) ; ces critères peuvent guider tous ceux qui souhaitent établir leur propre diagnostic. Les exercices et les questionnaires que nous présentons dans ce chapitre sont également là pour permettre aux intéressés de faire le point sur leurs difficultés. Toutefois, compte tenu de l'extrême complexité des troubles psychologiques et, dans certains cas, de leur ressemblance les uns avec les autres, nous devons insister une fois encore sur la nécessité de consulter un spécialiste pour obtenir une évaluation approfondie et une aide appropriée.

Gérer l'incertitude
Les mécanismes du TAG

Pourquoi certains sont-ils anxieux et d'autres non ? Il n'existe malheureusement pas, en l'état actuel des recherches, de réponse claire et satisfaisante à cette question. Aucune cause unitaire, c'est-à-dire susceptible d'expliquer à elle seule le trouble d'anxiété généralisée, n'a pu être déterminée. En revanche, une multitude d'hypothèses mettent en avant différentes causes possibles permettant de comprendre pourquoi telle personne, plus qu'une autre, présente une probabilité plus grande d'être victime du trouble. Mieux vaut donc, si on souhaite être exact, parler de facteurs de risque plutôt que de causes proprement dites.

La présence d'un ou de plusieurs facteurs de risque conduirait-elle alors directement à l'apparition du trouble ? La réponse est encore une fois incertaine, car les différents facteurs de risque associés au TAG ne semblent pas agir ou se manifester de la même façon d'une personne à une autre — ce qui complique encore l'exercice consistant à déterminer l'origine du problème...

Genèse d'un trouble

En matière de TAG, nous disposons à l'heure actuelle de modèles explicatifs qui font appel à différents champs de la connaissance : génétique, neurobiologie et psychologie. Toutefois, non seulement il n'est pas possible de savoir si une hypothèse représente la réalité mieux que les autres, mais il demeure impossible d'établir exactement comment les éléments clés de ces modèles explicatifs interviennent dans la genèse du trouble. Au stade où nous en sommes, il semble que ces différentes hypothèses contribuent toutes vraisemblablement, jusqu'à un certain point et de façon différente, à expliquer l'apparition et le développement du trouble d'anxiété généralisée.

➤ L'hypothèse génétique

Vue sous l'angle génétique, la manifestation des symptômes d'anxiété serait en partie déterminée par l'héritage génétique, certains gènes favorisant la réaction anxieuse aux événements de la vie. Toutefois, à ce jour, aucun gène spécifique n'a été isolé pour les troubles d'anxiété, ce qui ne signifie pas pour autant qu'on doive abandonner l'hypothèse.

Dans les études génétiques, une des façons de procéder consiste à comparer la présence ou l'absence de symptômes chez une personne dont le vrai jumeau est atteint d'un trouble (on parle alors de jumeaux homozygotes), puisque ces deux individus ont exactement les mêmes gènes. L'héritage génétique, à savoir la probabilité qu'une caractéristique génétique soit transmise par un individu à sa descendance, varie énormément selon le trouble d'anxiété en question. On estime actuellement que le TAG se retrouve chez seulement 30 % des frères ou sœurs de jumeaux monozygotes atteints par le trouble : le TAG serait ainsi le trouble d'anxiété ayant le plus faible taux d'héritage génétique.

➤ *L'hypothèse neurobiologique*

Considéré selon la perspective neurobiologique, un trouble donné serait le résultat soit d'un déséquilibre entre les différentes substances (les neurotransmetteurs) participant à la transmission de l'information (influx nerveux) d'un neurone à l'autre, soit d'un fonctionnement inapproprié du système neurologique qui transmet ou reçoit l'information.

Rappelons que les neurones sont les cellules nerveuses assurant la transmission de l'information à l'intérieur du cerveau et du cerveau vers le reste du corps. Ils « communiquent » entre eux au moyen de substances chimiques appelées « neurotransmetteurs ». Ceux-ci, qui sont de divers types et qui font partie de différents systèmes, se trouvent en très grande quantité dans le cerveau. Une des hypothèses avancées pour expliquer la présence du trouble d'anxiété est celle d'un déséquilibre entre les neurotransmetteurs, ce qui entraînerait une trop forte ou une trop faible concentration dans le cerveau des substances en question et ferait surgir les symptômes.

L'autre hypothèse se fonde sur un mauvais fonctionnement du système neurologique dont font partie les neurotransmetteurs. Ce système ne serait pas assez sensible ou réceptif, ou bien il le serait trop. À l'heure actuelle, les substances que l'on soupçonne de jouer un rôle dans l'apparition potentielle des troubles d'anxiété sont la sérotonine, la noradrénaline, la cholécystokinine et le complexe GABA-benzodiazépinique. Les études ne sont toutefois guère concluantes, et l'état actuel des connaissances ne permet pas encore d'affirmer que ces substances neurochimiques entrent réellement en jeu dans la manifestation du TAG et encore moins de montrer de quelle manière elles agissent.

➤ *L'hypothèse psychologique*

De nombreuses hypothèses et théories liées à la psychologie proposent des explications concernant l'apparition et le développement des troubles d'anxiété. La plupart s'inscrivent dans les courants de pensée qui se rattachent aux trois principales approches thérapeutiques, soit l'approche psychanalytique, l'approche humaniste et l'approche cognitivo-comportementale. Selon cette dernière, qui a notre préférence, les troubles d'anxiété sont le produit de certaines pensées (ou cognitions) erronées et de certains comportements inappropriés qui entretiennent les soucis et l'anxiété qui en découle. De façon générale, l'approche cognitivo-comportementale s'appuie sur une compréhension des troubles émotionnels qui établit des relations entre, d'une part, les émotions ressenties par une personne et, d'autre part, les comportements qu'elle adopte et les pensées qui animent cette personne.

La tentation d'associer un trouble psychologique à la façon dont on a été éduqué est forte et amène fréquemment à chercher les causes du problème dans l'enfance. On dit alors : « Ce doit être parce que mon père faisait telle chose… », ou encore : « Quand j'étais jeune, on m'a tellement répété de faire attention à tout qu'aujourd'hui j'ai l'impression qu'il faut que je fasse toujours attention. D'une certaine manière, me faire du souci me permet de faire attention à tout. »

Certes, les comportements qu'on assimile depuis la naissance jusqu'à l'âge adulte jouent un rôle prépondérant dans la prédisposition à connaître un trouble d'anxiété. Les enfants apprennent énormément en observant ce qui se passe autour d'eux, ils s'approprient et reproduisent une partie des comportements et des réactions qu'ils ont observés. Toutefois, bien que les études d'ordre familial révèlent que, toutes proportions gardées, la probabilité de voir surgir un cas de TAG est plus forte dans les familles où quelqu'un est déjà atteint de TAG, on ne peut affirmer avec certitude que la façon dont on a été éduqué constitue une cause déterminante dans l'apparition et le développement du TAG.

Autrement dit, s'il est difficile de comprendre pourquoi André souffre d'un trouble d'anxiété généralisée, tandis que sa sœur et son frère en sont exempts, il semble néanmoins que certains comportements et certaines attitudes des parents constituent des facteurs de risque pour ce qui est de voir le TAG apparaître et prendre de l'ampleur. D'autres recherches sur le sujet s'avèrent donc nécessaires pour cerner pourquoi ce trouble se manifeste et selon quelles causes exactes.

Entrée en matière

Cela peut paraître paradoxal, mais si, aujourd'hui encore, on ne peut préciser pourquoi ou comment se manifeste le TAG, on est, en revanche, en mesure de le traiter. Des études récentes ont permis d'identifier certaines pensées et certains comportements caractéristiques du TAG, et de déterminer les mécanismes qui les maintiennent, voire les stimulent. En s'appliquant à modifier ces caractéristiques, on arrive à amener un anxieux à dominer ses soucis excessifs et à les remplacer par des pensées et des comportements qui conviennent mieux à la situation.

Attention

On peut ne pas être en mesure d'influer sur les causes du TAG, mais être capable d'intervenir sur les facteurs qui le maintiennent. Il importe, en effet, de bien faire la différence entre ce qui cause un problème et ce qui le maintient ou l'aggrave. L'origine ou la source d'un trouble se rapporte au début même du trouble (là d'où vient le problème) et renvoie aux causes profondes ou intimes du problème, tandis que le maintien du problème a trait au fait de le conserver tel qu'il est ou de le pousser à demeurer tel quel. Aussi, lorsqu'il est question de facteurs d'origine, il s'agit en fait des causes qui déterminent le début ou l'apparition du trouble, alors que la notion de facteurs de maintien concerne tout événement, toute situation, toute pensée ou tout comportement qui assure la poursuite du trouble, qui l'alimente ou qui fait qu'il persiste.

Prenons l'exemple de Léon qui a perdu son emploi il y a deux ans, à la suite de la fermeture de l'entreprise de haute technologie pour laquelle il travaillait. Léon aimait énormément son travail. Ce technicien très spécialisé ne s'est toujours pas replacé depuis son licenciement et connaît, depuis quelque temps, de sérieuses difficultés financières qui ont des répercussions néfastes sur son mode de vie. Léon a noté que, depuis cet événement, il a commencé à avoir plusieurs symptômes d'anxiété et qu'il a du mal à dormir. Il se fait du souci à propos de sa situation financière et a de plus en plus de doutes sur sa capacité à trouver un nouvel emploi. Il se sent continuellement anxieux et démoralisé, ce qui a pour effet de freiner sa recherche d'emploi.

Dans cette histoire, la perte d'emploi fait partie probablement des facteurs qui sont à l'origine de l'anxiété de Léon, alors que les difficultés financières constituent un élément qui entretient le souci : elles relèvent donc des facteurs de maintien. Attention, toutefois : même dans le cas de Léon, la perte d'emploi n'est qu'une cause *probable* du déclenchement des soucis, car on ne peut être parfaitement sûr qu'elle soit nécessairement la cause absolue et le seul élément à incriminer dans la manifestation des soucis. Dans une situation similaire, une autre personne ne réagira pas forcément comme Léon. Confronté à un événement négatif qui a des conséquences négatives concrètes qui persistent et qui engendrent une situation à propos de laquelle il est normal de se faire du souci, il est évident que tout le monde ne s'inquiétera pas avec la même intensité. Aussi, bien qu'il soit difficile de comparer des situations de vie, une personne soumise à certaines conditions sera atteinte d'un TAG, alors que son frère ou sa sœur, qui a vécu des événements de vie comparables et reçu une éducation similaire, n'en éprouvera jamais un quelconque symptôme.

Mémo

— Les facteurs d'origine se rapportent aux éléments qui jouent un rôle dans l'apparition d'un problème, tandis que les facteurs de maintien concernent les situations, caractéristiques personnelles, croyances et comportements qui alimentent le problème.

— On peut traiter le TAG en agissant sur les facteurs qui entretiennent les soucis.

La machine anxieuse : ce qui maintient les soucis excessifs

Nous avons montré de quelle façon le souci est lié à l'anxiété et quelles sont les répercussions possibles de l'inquiétude excessive dans la vie quotidienne. La figure ci-après

(également présentée au chapitre 2) rend compte de l'enchaînement dynamique des différentes composantes du TAG.

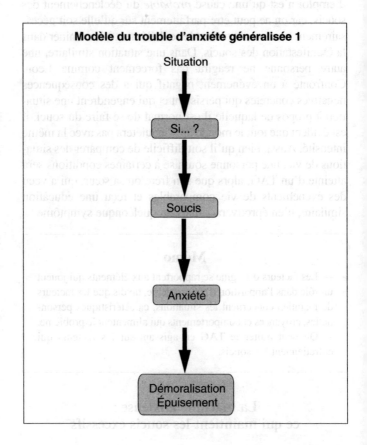

Modèle du trouble d'anxiété généralisée 1

Situation

Si... ?

Soucis

Anxiété

Démoralisation
Épuisement

1. Point de départ : vous êtes confronté à une situation
dérangeante ou à un problème particulier. Par exemple, vous
éprouvez des difficultés relationnelles avec votre supérieur

hiérarchique. Vous pouvez aussi anticiper le problème et avoir peur que le nouveau directeur, qui vient d'être nommé, n'apprécie pas votre travail.

2. Ce problème initial vous conduit à vous interroger sur les possibles conséquences négatives de la situation : « Que va-t-il se passer si la situation se détériore ? Et que vais-je faire si un conflit important se déclare ? »

3. Ce questionnement suscite un souci excessif, c'est-à-dire un enchaînement de pensées et de doutes sur les conséquences négatives possibles : « Si le conflit devient trop aigu, je vais peut-être devoir changer de secteur. Mais, si je n'arrive pas à me faire muter, la situation va devenir invivable… En fait, je risque de perdre mon travail. Du coup, je ne pourrai plus régler mes factures ni rembourser les traites de ma maison…

4. Cet enchaînement de pensées négatives et de doutes provoque chez vous un état désagréable et dérangeant : l'anxiété.

5. À force de vous faire du souci ainsi, vous êtes démoralisé et épuisé.

Le schéma qui précède rend compte de bout en bout de l'enchaînement des soucis excessifs, de l'anxiété et des conséquences possibles qui en résultent. Il ne permet toutefois pas de comprendre comment les mécanismes opèrent dans le maintien des soucis excessifs. En d'autres termes, il ne dit rien sur la façon dont fonctionne le moteur qui actionne le processus des soucis excessifs.

Poussons la comparaison avec le moteur d'une automobile. La plupart des conducteurs savent que le moteur est l'élément essentiel qui fait avancer leur voiture. Ils savent également qu'il ne fonctionne que s'il est mis en marche au moyen de la clé de contact. Par contre, tous les conducteurs ne sont pas forcément au fait de la manière dont fonctionne ce moteur. Cela dit, il n'est pas capital d'en connaître le fonctionnement si l'on se limite à conduire un véhicule. C'est exactement l'inverse pour le mécanicien, ou pour celui qui veut le devenir : idéalement, celui-ci doit connaître parfaitement tous les éléments du moteur. Dans notre comparaison, le schéma que nous vous avons présenté correspond à ce que sait d'un moteur le conducteur moyen, alors que la connaissance des mécanismes dynamiques de l'anxiété équivaut au savoir idéal du mécanicien.

Toutefois, avant même de s'appliquer à comprendre le fonctionnement d'un moteur, l'apprenti mécanicien a dû apprendre à en identifier les différentes parties. D'une certaine manière, c'est ce qu'ont fait ces dernières années les chercheurs qui se sont intéressés à l'anxiété généralisée. Ils ont d'abord distingué les différentes composantes qui entrent en jeu dans le TAG, pour ensuite tenter de cerner comment ces composantes agissaient les unes par rapport aux autres.

Depuis quelques années, nos connaissances sur le TAG ont ainsi beaucoup évolué. De nombreuses composantes, fondamentales pour le « fonctionnement » de ce trouble, ont été découvertes ou isolées. Ainsi, une relation clé a été établie entre le souci excessif, l'intolérance à l'incertitude, les croyances au sujet de l'utilité des soucis et la façon dont les personnes atteintes d'un TAG réagissent devant les problèmes.

En toile de fond : l'intolérance à l'incertitude

Dans le contexte d'études et de recherches scientifiques, on a observé que les personnes atteintes de TAG partagent une caractéristique personnelle particulière : elles supportent mal la part d'incertitude associée à certaines situations de la vie courante. Appelée « intolérance à l'incertitude », cette caractéristique se traduit par une tendance exagérée à trouver inacceptable la *possibilité*, si minime soit-elle, qu'un événement négatif se produise. Autrement dit, entre deux individus qui évaluent de façon équivalente la probabilité qu'un événement négatif survienne, celui qui présente l'intolérance à l'incertitude la plus forte ou la plus marquée se montrera plus préoccupé ou plus inquiet par les conséquences potentielles de cet événement que celui qui tolère mieux l'incertitude.

➤ *Deux hommes, une même situation : deux réactions opposées*

Mario et Robert estiment tous deux à 20 % la probabilité de perdre leur emploi en raison des compressions budgétaires que leurs patrons ont annoncées la semaine précédente. De fait, en raison de ce remaniement budgétaire, des suppressions de postes sont prévues pour l'an prochain. Dans les jours qui ont suivi la déclaration patronale, Mario s'est fait du souci à quelques reprises, mais il a vite repris le cours normal de ses activités, en se disant que les licenciements n'auraient lieu que l'année prochaine et que, pour le moment, il travaillait encore. « Je traverserai le pont lorsque je serai devant la rivière », se dit Mario en bon philosophe. Cela ne le rend pas indifférent à son sort pour autant, puisqu'il va bientôt entreprendre des démarches pour un futur emploi. De son côté, Robert se fait constamment du souci depuis le jour fatidique où ses patrons ont fait leur annonce. Il s'imagine déjà sans emploi et dans une situation financière précaire. Il est stressé, agité. À plusieurs reprises, il s'est retrouvé tellement tendu qu'il n'a pas réussi à trouver le sommeil. Frappé par l'incertitude, Robert a l'impression qu'il n'a plus de prise sur les événements.

➤ *Stéphanie et Marc :* *la séparation comme solution certaine*

Il est parfois si difficile pour certains de tolérer l'incertitude qu'ils vont préférer affronter un événement à l'issue négative claire plutôt que de se trouver dans une situation incertaine dont l'issue n'est pas claire. L'exemple de Stéphanie et de Marc illustre bien ce paradoxe.

Uni par les liens du mariage depuis plusieurs années, ce couple est actuellement en crise. Or Stéphanie est une personne qui, en général, tolère plutôt mal les situations ambiguës dont l'issue est incertaine. Du coup, elle s'interroge énormément sur sa vie conjugale en ce moment. En dépit des efforts de Marc et bien qu'elle aime encore son mari, elle se surprend parfois à penser qu'elle préférerait divorcer plutôt que de rester sans savoir ce que l'avenir leur réserve. Elle raconte : « Peut-être qu'il y aura encore d'autres bourrasques après... C'est sûr même, il y en aura une autre, et elle nous sera fatale. Je me dirai alors que cela ne valait pas la peine d'investir autant dans notre vie amoureuse... De toute façon, ce ne serait pas étonnant qu'un jour Marc en ait marre et me laisse pour une autre femme... »

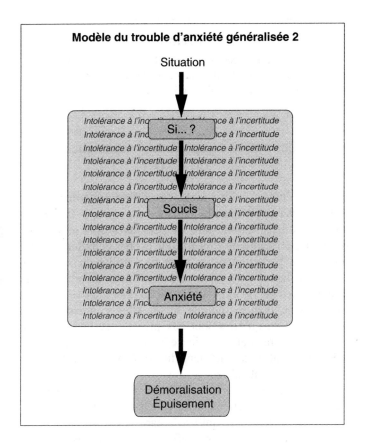

Modèle du trouble d'anxiété généralisée 2

Situation

Intolérance à l'incertitude ... Intolérance à l'incertitude
Si... ?
Soucis
Anxiété

Démoralisation
Épuisement

Ce schéma permet de visualiser combien est prépondérante la place de l'intolérance à l'incertitude.

Mémo

L'intolérance à l'incertitude constitue la toile de fond des soucis excessifs : c'est le filtre qui colore la perception du monde d'une personne atteinte de TAG.

Les autres composantes mécaniques du TAG

Les études visant à isoler les différentes composantes qui jouent un rôle dans la tendance excessive à se faire du souci ont aussi montré que les personnes dont le seuil de tolérance à l'égard de l'incertitude est bas entretiennent des croyances particulières au sujet de l'utilité du souci. En outre, la façon dont elles perçoivent leur milieu et leurs expériences de vie ainsi que la façon dont elles se comportent sur le plan psychique lorsqu'elles connaissent une contrariété ou qu'elles sont aux prises avec une difficulté (orientation mentale inefficace relativement au problème réel ou tentative d'évitement du problème) sèment encore de nouvelles embûches.

D'après ce que nous savons des mécanismes qui déclenchent et entretiennent les soucis excessifs, la difficulté à tolérer l'incertitude, qui est la caractéristique particulière commune des personnes souffrant de TAG, susciterait le souci de plusieurs façons, dans certains cas par l'intermédiaire des autres composantes. Ainsi, on estime que l'intolérance à l'incertitude a des incidences au regard de trois aspects en particulier :

– *L'intolérance à l'incertitude favorise l'apparition et le maintien de croyances erronées concernant l'utilité du souci.*

Le fait de ne pas supporter d'être incertain par rapport à une situation donnée entraîne des croyances singulières inappropriées et qui alimentent les soucis. Par exemple :
• « se faire du souci est utile » ;
• « se faire du souci permet d'éviter des déceptions » ;
• « se faire du souci aide à trouver la meilleure façon d'agir » ;
• « se faire du souci permet de prévenir les problèmes ».

Or l'expérience montre que se faire trop de souci, et surtout « trop de soucis tout le temps », provoque toutes sortes de malaises, amoindrit la qualité de vie et altère la façon dont on fait face à ses problèmes.

– L'intolérance à l'incertitude influe sur le processus de résolution de problèmes.

Quelqu'un qui perçoit de manière négative un problème qui se dresse devant lui aura du mal à exploiter correctement ses aptitudes en matière de résolution de problèmes. Une personne aux prises avec un TAG est aussi apte qu'une autre à régler des difficultés, mais elle est tellement déconcertée par les aspects ambigus ou indéterminés de la situation qu'elle va passer beaucoup de temps à essayer de surmonter l'ambiguïté au lieu de chercher tout bonnement une solution à son problème.

– L'intolérance à l'incertitude participe à la tentative d'évitement des images mentales négatives.

Une personne atteinte de TAG tente souvent de chasser les représentations mentales qui prennent la forme d'images reproduisant les situations qui l'inquiètent. L'anxiété lui semble, en effet, pire lorsque ce sont des images plutôt que des pensées qui l'envahissent. Un des moyens de conjurer ces images est le souci, car les pensées verbales paraissent beaucoup plus tolérables que les images mentales.

Voici, à la lumière de la description des différentes composantes du TAG et des influences réciproques qu'elles exercent les unes sur les autres, un nouveau schéma qui permet de saisir globalement les relations entre ces composantes.

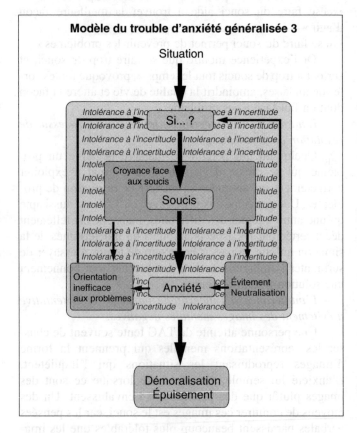

La dynamique du TAG

D'abord, on tourne la clé de contact : une situation stressante ou troublante active la production de soucis excessifs. Ce peut être une situation externe (par exemple une tempête de neige ou le retard d'un ami), ou bien une situation interne (un malaise physique ou une pensée soudaine qui vous traverse l'esprit). Cette situation suscite une question : « Si… ? » Évidemment, cette question clé, qui sert à émettre une supposition, peut débuter par une formule équivalente, comme « il se peut que… », « il se peut tout à coup que… », etc.

Dans tous les cas, ce type de supposition conduit au souci. Les soucis sont en effet des pensées déclenchées par les interrogations « si ? » ou provoquées par la nature des réponses apportées à ces questions. Le processus prend habituellement la forme d'un enchaînement d'idées. En voici un exemple.

« Si on ne renouvelle pas mon contrat à la fin de la saison, est-ce que j'aurai suffisamment d'argent pour subvenir à mes besoins ? Est-ce que j'aurai assez d'argent pour rembourser mes dettes ? Je n'aurai plus de revenu, je vais être pris à la gorge… Je serai sans doute obligé de vendre ma voiture ! »

Consécutive à cette accumulation des pensées négatives, l'anxiété apparaît, qui est le malaise physique ou psychologique ressenti quand on se fait du souci. Une fois que les soucis et l'anxiété sont déclenchés peuvent survenir des états pénibles qui se manifestent par le découragement, l'abattement ou l'épuisement. Ce sont les conséquences à moyen terme de l'enchaînement « situation dérangeante

— question « si » — soucis — anxiété ». Cet enchaînement représente la séquence ou les étapes qui conduisent aux difficultés d'adaptation en termes de comportement. Dans le cas d'une personne souffrant du TAG, il interfère de manière très sensible avec sa conduite, ses activités quotidiennes, voire ses projets d'avenir.

Chocs et contre-chocs

L'intolérance à l'incertitude rend vulnérable celui qui fait face à une situation stressante ou dérangeante en contribuant à l'apparition de soucis excessifs et en diminuant l'efficacité dans la recherche de solutions. À la manière de lunettes de soleil, elle modifie la façon d'appréhender la réalité. Elle pousse à se poser plus de questions « si » et à faire plus de suppositions. Or ces questions ne font pas que passer dans la tête comme l'eau glisse sur les plumes d'un canard. Bien au contraire !

Quelqu'un qui ne supporte pas l'incertitude va trouver inacceptable qu'un événement négatif puisse se produire, même si la probabilité que cet événement survienne est extrêmement faible. Il va tenter de contourner, d'éviter ou d'éliminer l'incertitude de différentes manières et par divers subterfuges mentaux.

L'intolérance à l'incertitude est à l'origine des tentatives pour éviter les images dérangeantes. Mais cette entreprise se révèle totalement inutile, du moins dans le monde où nous vivons, car l'incertitude fait intrinsèquement partie de l'existence humaine. Personne ne peut être certain qu'il sera en bonne santé toute sa vie ou que ses enfants réussiront brillamment.

Explication

Quelqu'un qui souffre de TAG n'est plus capable de composer avec la part d'inconnu qui mobilise les capacités d'adaptation humaine.

L'orientation mentale ou psychique à l'égard des problèmes se traduit par l'ensemble des réactions initiales — les premières réactions — face à la difficulté. Une orientation mentale inefficace a une incidence déterminante sur le maintien des soucis relatifs à des problèmes actuels (par opposition aux problèmes potentiels ou théoriques). Elle peut se manifester de diverses façons :

– *On ne reconnaît pas la difficulté qui vient de surgir* : le processus de résolution de problèmes ne s'enclenche pas, et les soucis persistent.

– *On juge inacceptable ou anormal de buter contre un obstacle* : on passe, du coup, plus de temps à exprimer son mécontentement et à s'indigner de la présence de l'obstacle en question qu'à tenter de trouver une solution.

– *On perçoit ces difficultés comme des menaces, et non pas comme des défis.* Évidemment, on se met à avoir peur, ce qui affecte le processus de recherche de solutions, provoque de nouvelles questions « si ? » et alimente les soucis.

Des réactions initiales inefficaces ou inappropriées ont donc un effet négatif sur toutes les étapes suivantes de la résolution de problèmes. Dans le modèle que nous avons mis au point (voir page 85), vous remarquerez aisément que les composantes interagissent les unes avec les autres (ce qu'illustrent les flèches qui reviennent à leur point de départ). C'est le cercle vicieux du TAG. Dans cette chaîne fermée, ces composantes provoquent ou entretiennent les interrogations « si ? », lesquelles alimentent ou augmentent les soucis et l'anxiété, lesquels suscitent les interrogations : le serpent se mord la queue !

Dans le schéma illustrant la dynamique des soucis excessifs, deux autres composantes s'ajoutent : les événements de la vie et l'état émotionnel. Ces deux composantes n'ont pas d'influence directe sur l'enchaînement des soucis excessifs, mais peuvent tout de même agir sur le déclenchement des soucis ou exacerber les soucis déjà présents. Événements de la vie et état émotionnel jouent ainsi un rôle comme facteurs de déclenchement ou facteurs de maintien lorsqu'on a déjà certaines caractéristiques préalables qui inclinent à se faire du souci de manière excessive.

Pour aller à l'essentiel

Différentes hypothèses font actuellement l'objet d'études relatives à l'origine du trouble d'anxiété généralisée. Pour le moment, aucune cause unitaire n'a été isolée. L'interaction de différents facteurs de risque est très probablement la cause de la manifestation du TAG.

La systématisation des différents mécanismes du TAG, que nous avons mise au point récemment, représente le modèle théorique sur lequel s'appuie le traitement que nous allons vous présenter dans le chapitre suivant. Bien que les données des plus récentes recherches ne permettent pas encore de déterminer de manière sûre et précise pourquoi ou comment le TAG se manifeste, nous disposons néanmoins de moyens efficaces pour traiter ce trouble, particulièrement en intervenant sur les facteurs de maintien des soucis et de l'anxiété.

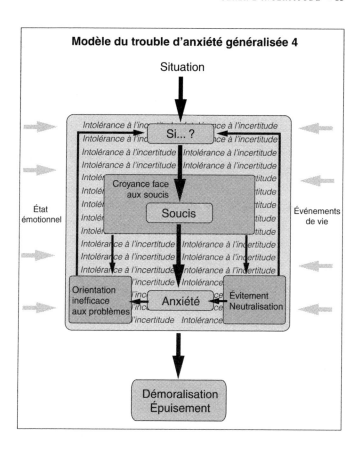

Modèle du trouble d'anxiété généralisée 4

CHAPITRE 4

La liberté est au bout du changement
Le traitement du TAG

Dans ce nouveau chapitre, vous allez trouver, exposé, le traitement qui a été mis au point par notre équipe de recherche pour aider les personnes souffrant d'un trouble d'anxiété généralisée. Ce traitement a pour fondement le modèle théorique décrit au chapitre 3. Les actions et les interventions qui sont proposées dans les pages suivantes ont été validées à maintes reprises. Adopté et utilisé par de nombreux psychologues privilégiant l'approche cognitivo-comportementale, ce traitement original donne des résultats intéressants.

Le traitement cognitivo-comportemental

En psychologie, il y a différentes manières d'interpréter un seul et même problème et, partant, presque autant de façons de travailler à la résolution de ce problème. En ce qui regarde la thérapie appelée cognitivo-comportementale, elle a pour principal objet d'amener le « patient » à établir des liens entre ses pensées et ses comportements, dans le but de l'aider à corriger les pensées qui déclenchent ou entre-tiennent la réaction anxieuse, mais aussi à modifier les comportements qui s'ensuivent. Pour arriver à ces résultats, le traitement soutient le « patient » jusqu'à ce qu'il soit en mesure de comprendre la nature des difficultés qu'il connaît et aussi de « passer à l'action » afin de changer ce qu'il sou-haite changer.

Une personne exagérément anxieuse qui commence une psychothérapie ne sait pas nécessairement très bien d'où provient son problème. La thérapie cognitivo-comporte-mentale (TCC), propose une nouvelle compréhension du problème d'anxiété et aide à acquérir de nouvelles aptitudes mentales, comme concevoir à l'égard de ses difficultés des explications valables et réalistes ; essayer et mettre en appli-cation de nouvelles solutions, évaluer les résultats obtenus à la suite de ces essais ou utilisations.

Si vous désirez entreprendre avec nous ce traitement, vous devez vous engager à fond : c'est essentiel. Il s'agit en quelque sorte de devenir son propre thérapeute. Pour appuyer cette démarche, des exercices, des questionnaires et des grilles d'auto-observation servant à l'exploration approfondie de chaque élément ou objectif du processus vous sont proposés. Un conseil : pour que le traitement soit efficace et approprié, soyez méthodique ; nous vous recommandons de faire les exercices et de remplir les questionnaires et les grilles au fur et à mesure qu'ils sont présentés.

Votre participation active est la condition *sine qua non* de la réussite et du changement. Plus vous testerez vos propres hypothèses, c'est-à-dire plus vous ferez vos pro-pres expériences pour vérifier si votre explication est bonne, et plus vous mettrez en pratique ce que vous apprenez, plus vous deviendrez habile à le faire et, conséquemment, plus votre confiance en vos propres capacités se développera.

Explication

Nous avons comme objectif de vous aider à devenir votre propre thérapeute.

Les activités et les interventions qui vous sont proposées dans le cadre de ce traitement touchent chacune des composantes du modèle théorique que nous vous avons présenté au chapitre précédent. Nous voulons vous aider, si vous en êtes d'accord, à dominer vos soucis en agissant sur les facteurs qui déclenchent ces soucis et sur les facteurs qui les maintiennent. Les trois aspects qui sont l'objet de ce processus sont les croyances erronées quant à l'utilité du souci, l'intolérance à l'incertitude et l'orientation mentale ou psychique à l'égard des problèmes.

➤ Les croyances erronées relatives à l'utilité du souci

Voici un exemple de croyance erronée à l'égard de l'utilité du souci : « Avoir peur d'avoir un jour un cancer me permet d'être plus vigilante. » Dans les faits, se faire du souci au sujet de quelque chose ne signifie pas prendre des mesures plus efficaces. Des examens de routine effectués par un médecin et quelques mesures préventives suivies de façon correcte suffisent le plus souvent pour dépister l'apparition possible d'une maladie.

➤ *L'intolérance à l'incertitude*

L'intolérance à l'incertitude peut s'exprimer comme suit : « Je ne supporte pas de ne pas savoir si mon fils va passer dans la classe supérieure. » Même avec la meilleure volonté du monde, personne ne peut prédire ce qui se passera dans l'avenir. Il est plus profitable de mettre en œuvre certaines mesures qui permettront de prendre des décisions judicieuses éclairées ou d'employer les moyens nécessaires pour corriger ou améliorer la situation qui pose un problème. Dans le cas qui nous occupe, la maman a choisi de rencontrer la maîtresse de son garçon afin de discuter de la situation et d'envisager certaines mesures pour mieux soutenir son fils sur le plan scolaire.

➤ *L'orientation mentale ou psychique à l'égard des problèmes*

Un exemple pour illustrer ces difficultés : « Au travail, dès qu'un problème informatique survient, explique Bernard, je me dis tout de suite que je ne vais pas être capable de le résoudre et je me sens un peu anxieux. Avant même d'essayer quoi que ce soit, je fais appel au technicien. Tout ça me retarde énormément. Du coup, je ne suis plus en mesure de respecter les échéances. » Nos réactions initiales, quand il nous faut résoudre un problème ou accomplir une tâche, déterminent le plus souvent la façon dont nous allons aborder ce problème ou cette tâche. Dans le cas de Bernard, le problème qui se pose de manière soudaine est plus perçu comme une menace que comme un défi. Si Bernard considérait la situation comme une nouvelle tâche à effectuer et essayait de s'en acquitter au lieu de baisser les bras, peut-être apprendrait-il à résoudre cette difficulté et en bénéficierait-il ultérieurement.

La démarche que nous vous proposons ici se partage en six étapes qui sont définies par autant d'objectifs. Évidemment, il est préférable d'atteindre entièrement un objectif avant d'aborder l'objectif suivant. Dans la pratique, il est plus facile de savoir quand passer à un nouvel objectif lorsque l'on est supervisé par un « psy ». Dans le présent contexte, vous passerez au prochain objectif quand vous aurez l'impression d'être parfaitement à l'aise avec les notions et le matériel présentés — par exemple quand il sera devenu plus facile pour vous de reconnaître vos soucis et d'évaluer votre degré d'anxiété ou encore quand vous aurez à plusieurs reprises, dans diverses activités quotidiennes, mis en pratique les nouvelles mesures ou exploité les nouveaux outils.

Vos six objectifs à atteindre sont les suivants :

• Prendre conscience de vos soucis et de votre anxiété.
• Modifier votre degré d'intolérance à l'incertitude.
• Corriger vos croyances quant à l'utilité du souci.
• Améliorer votre orientation mentale à l'égard des problèmes (en tirant parti de la résolution de problèmes).
• Diminuer l'évitement des pensées qui suscitent la crainte ou la peur.
• Prévenir ou contrecarrer le retour des soucis.

L'apprentissage et la mise en application de la méthode de travail que nous vous proposons faciliteront votre « passage à l'action ».

Mémo

Une participation active de votre part est essentielle.

Premier objectif : prenez conscience
de vos soucis et de votre anxiété

La fréquence comme l'intensité des soucis et de l'anxiété varient énormément d'une personne à l'autre ou d'une période de la vie à l'autre. Il arrive parfois que les soucis et l'anxiété deviennent si intenses et si envahissants qu'ils nuisent au fonctionnement quotidien d'une personne et à sa qualité de vie. C'est généralement à ce moment-là qu'on se rend compte que sa tendance à se faire du souci est devenue excessive. Prendre conscience que l'on est aux prises avec une difficulté ou un problème est un préalable au changement ; c'est même une première étape essentielle. On ne peut, en effet, modifier volontairement quelque chose que l'on ignore complètement !

Le premier objectif que nous vous proposons consiste justement à apprendre à reconnaître quels sont vos soucis excessifs, quelles sont les situations ou les pensées qui les déclenchent et quelles sont les situations ou les pensées qui les maintiennent. Il existe différents moyens d'en prendre conscience. La manière la plus facile, et sans aucun doute la plus simple, est l'auto-observation : on s'observe soi-même, c'est-à-dire qu'on observe ses réactions, ses émotions, ses comportements, ses pensées.

En s'arrêtant au cours de la journée pour s'interroger sur ses réactions, ses pensées ou ses comportements face à certaines situations, on en apprend beaucoup sur soi et sur sa tendance à se faire du souci. Ainsi : quel est le sujet ou le thème de votre souci ? Comment ce souci a-t-il commencé ? Combien de temps a-t-il duré ? S'accompagnait-il d'un degré d'anxiété élevé ? S'interroger ainsi aide à bien cerner le problème que l'on éprouve. À titre d'exemple, revenons sur les deux premiers exercices que nous vous avons proposés au premier chapitre. Ils avaient pour titres « De quelle manière vous faites-vous du souci ? » et « Qu'est-ce qui vous inquiète et jusqu'à quel point ? ». Ce sont deux points de départ intéressants pour effectuer une auto-observation.

Afin de permettre une auto-observation aussi rigoureuse que possible, commençons par rappeler la définition du souci.

Mémo

Le souci est un ensemble de pensées, d'images et de doutes qui s'enchaînent à propos d'événements négatifs qui pourraient survenir dans l'avenir et qui s'accompagnent d'anxiété.

De cette définition, quatre éléments ressortent particulièrement.

– *Les pensées, les images et les doutes sont des phénomènes cognitifs* (rappelons que « cognitif » vient de « cognition », qui est synonyme de pensée). En d'autres termes, le souci, c'est quelque chose qui se passe dans la tête.

> « On m'a avertie hier soir qu'il allait y avoir un jeune remplaçant à la garderie où va ma fillette de 2 ans. Je ne peux m'empêcher de penser que ça ne va pas bien se passer. Ma puce n'a jamais eu d'éducateur masculin… Je me dis qu'il ne va pas savoir quoi faire si elle pleure, si elle ne veut pas manger ou si elle tape sur un petit copain. Je n'arrête pas de l'imaginer en train de crier après ma fille ou de la frapper. »

> « Je me demande souvent comment j'arriverais à payer tout ce que j'ai à payer si je perdais mon emploi… »

« Je me fais souvent du souci sur mon rendement au travail. Est-ce que je suis à la hauteur ?

– *Les soucis concernent toujours quelque chose qui va se passer dans l'avenir.* Il est possible que les soucis soient associés à une situation passée, mais ce sont les implications, les conséquences ou les retombées futures de cette situation qui préoccupent.

(Souci relatif à une situation à venir.) « Et si, au travail, on me remplaçait par quelqu'un de plus jeune ? Je pense qu'à 50 ans ce n'est pas facile de trouver du travail, surtout dans mon domaine. Je ferais aussi bien de mettre une croix sur mes projets de retraite ! »

(Soucis relatifs aux conséquences à venir d'une situation passée.) « Un collègue de travail et moi avons eu un différend la semaine dernière, et je crains que mon point de vue ait été mal interprété. Je me fais du souci à l'idée que ce collègue puisse avoir une mauvaise opinion de moi. »

– *Lorsqu'une personne se fait du souci, elle anticipe des conséquences négatives.* Dans les exemples précédents, les « prévisions » ne sont pas très positives, n'est-ce pas ?

– *Le souci constitue une anticipation négative et s'accompagne toujours d'un certain malaise physique et psychologique que l'on appelle « anxiété ».* L'intensité de cette anxiété peut varier énormément.

« L'idée que ma fille puisse ne pas s'entendre avec ce nouvel éducateur m'a tellement préoccupée que j'ai eu du mal à trouver le sommeil. Dans la soirée, je n'ai rien pu avaler, j'avais des tensions dans la nuque et je n'arrêtais pas de râler. »

« Lorsque je me dis que je pourrais perdre mon travail et que l'engrenage des images négatives est déclenché, je deviens nerveux, irritable. Au bureau, je tourne en rond, je ne sais plus quoi faire en priorité. J'ai l'impression d'être à bout. »

Les thèmes des soucis sont très divers. On trouve à peu près autant de sujets de soucis qu'il existe d'individus inquiets. Cependant, on peut les rassembler dans deux grands ensembles : les « soucis de type 1 » qui concernent l'anticipation de conséquences négatives relatives à un problème réel — actuel ou déjà vécu —, et les « soucis de type 2 » qui ont trait à l'anticipation de conséquences, toujours négatives, relatives à un problème éventuel. Dans le cadre de l'« autotraitement » que nous vous proposons ici, il est capital de faire, sur le plan personnel, la distinction entre ces deux types de soucis : on ne travaille pas à corriger ses soucis de la même façon si ceux-ci se rattachent à un problème qui existe réellement ou s'ils sont liés à un problème qui n'existe pas encore.

➤ *Martine et ses soucis de type 1*

« Dans l'entreprise pour laquelle je travaille, les horaires et la charge de travail ne sont pas fixes, le travail arrive souvent par saccades. Les semaines chargées, je n'arrive pas à respecter toutes les échéances. Alors, forcément, certaines tâches prennent du retard. Je fais donc des heures supplémentaires, mais, quand je fais des heures supplémentaires, je me fais du souci à propos de tout ce que je ne fais pas à la maison pendant ce temps. D'autre part, si je ne fais pas d'heures supplémentaires, je vois le travail qui s'accumule sur mon bureau et je me fais du souci. »

« Un conflit a éclaté au cours d'une discussion avec un collègue. Nous ne nous sommes pas reparlé depuis. Ça fait maintenant plusieurs jours, et je me fais du souci à propos des répercussions de cette dispute sur notre relation. Je me dis que, si mon collègue l'a pris comme une attaque personnelle, il ne va sans doute pas vouloir me reparler. J'ai peur que ce conflit change notre relation et affecte l'ambiance dans toute l'équipe. »

➤ Martine et ses soucis de type 2

« Mon mari voyage beaucoup pour son travail, et, chaque fois qu'il prend l'avion, je me fais du souci. Je me dis que son avion va s'écraser. Ce serait une mort affreuse pour lui et une épreuve insurmontable pour moi. J'ai peur de ne jamais pouvoir m'en remettre. »

« Ma fille entre à l'université cette année. Elle prend ses études à cœur et réussit assez bien. Cependant, je me fais souvent du souci à propos de son avenir professionnel. Je me dis que, si, malgré des études réussies, elle ne trouve pas d'emploi, elle va se décourager ; elle sera sûrement frustrée d'avoir fait tant d'efforts pour se retrouver avec rien, sans travail. J'ai peur qu'elle sombre dans la dépression et qu'à cause de cela elle n'ait plus jamais la chance de faire carrière dans ce qu'elle aurait tant aimé. »

➤ Comment faire le tri ?

Il est possible, au début, que vous ayez du mal à classer vos soucis selon le type 1 ou le type 2. Si c'est le cas, vous pouvez commencer, avant de procéder au classement, par chercher à identifier l'élément — simple ou multiple — qui a déclenché votre souci, puis décrire de manière précise la situation qui a suscité votre souci : s'arrêter quelques instants afin d'observer ses propres symptômes ou les signes manifestes de son malaise aide assurément à évaluer l'ampleur de son trouble. Il s'agit également d'un point de repère précieux pour mesurer ses progrès au fur et à mesure du traitement.

Voici, à titre d'exemple, un exercice d'auto-observation effectué par Martine durant une semaine entière. À la fin de chaque journée, Martine a noté les soucis qui s'étaient manifestés dans la journée. Pour chacun d'entre eux, elle a déterminé le type de souci (1 ou 2), noté la durée approximative et établi le degré d'anxiété s'y rapportant. Le degré ou le niveau d'anxiété s'évalue avec une échelle allant de 0 à 8, où 0 correspond à « aucune anxiété », et 8 à « anxiété très grave ».

➤ *Martine reconnaît et classifie ses soucis*

Jour et date	Nature du souci	Type de souci : 1 : Problème actuel 2 : Problème éventuel	Durée approxi- mative	Degré d'anxiété (sur une échelle allant de 0 à 8)
Jeudi 7 septembre	Début d'année scolaire de mes enfants	2	20 min	4
	Envoi aux clients sans trop de retard	1	2 h	5
	Cancer	2	2 h 30 min	6

Jour et date	Nature du souci	Type de souci : 1 : Problème actuel 2 : Problème éventuel	Durée approximative	Degré d'anxiété (sur une échelle allant de 0 à 8)
Vendredi 8 septembre	Envoi aux clients sans trop de retard	1	1 h	3
	Réunion avec toute l'équipe de travail	2	30 min	3
	Accident de voiture concernant ma fille aînée	2	45 min	5
Samedi 9 septembre	Mon rendement au travail	2	1 h	6
	Difficultés scolaires de mon fils	1 et 2	2 h	7
Dimanche 10 septembre	Cancer	2	1 h	7
Lundi 11 septembre	Organisation de mon planning de travail	1	40 min	3
	Difficultés scolaires de mon fils	1 et 2	15 min	4
Mardi 12 septembre	Sécurité de mon mari (voyage en avion)	2	1 h	6
	Conflit avec ma fille	1	30 min	4
	Cancer	2	1 h	6

Jour et date	Nature du souci	Type de souci : 1 : Problème actuel 2 : Problème éventuel	Durée approximative	Degré d'anxiété (sur une échelle allant de 0 à 8)
Mercredi 13 septembre	Problème relatif à l'appartement de ma mère	1	1 h 15 min	2
	Sécurité de mon mari (voyage en avion)	2	15 min	5

➤ *Un exercice pour vous : votre grille d'auto-observation*

Exercez-vous à faire le même exercice que Martine durant une semaine, deux semaines ou même davantage. Faites-le aussi longtemps que vous en ressentez le besoin et tant que vous jugez l'exercice pertinent.

À la fin de la journée, notez les soucis qui se sont manifestés. Pour chacun de ces soucis, déterminez le type en question (1 ou 2) et mentionnez le temps approximatif qu'a duré ce souci ainsi que le degré d'anxiété qui lui est associé. Photocopiez autant de fois que vous en avez besoin la grille vierge page suivante ou servez-vous-en comme modèle pour confectionner votre propre grille d'auto-observation.

Voici donc une grille d'auto-observation prête à l'emploi. Vous pouvez vous en servir pour décrire et évaluer séparément chacun de vos soucis (faites des photocopies !). Indiquez tous les soucis qui sont survenus au cours de la journée, décrivez-les sommairement et évaluez-les selon le type, la durée et le degré d'anxiété.

Jour et date	Nature du souci	Type de souci : 1 : Problème actuel 2 : Problème éventuel	Durée approximative	Degré d'anxiété (d'après une échelle de 0 à 8)
Lundi (date)	1. 2. 3.			
Mardi (date)	1. 2. 3.			
Mercredi (date)	1. 2. 3.			
Jeudi (date)	1. 2. 3.			
Vendredi (date)	1. 2. 3.			
Samedi (date)	1. 2. 3.			
Dimanche (date)	1. 2. 3.			

Il est normal que certains soucis soient plus difficiles à classer que d'autres. Ne vous découragez pas pour autant. Un souci peut concerner, en partie, un problème actuel et, en partie, un problème éventuel. Le souci de Martine à propos des difficultés scolaires de son fils l'illustre bien. Écoutons-la. Martine raconte que son fils a eu du mal dans certaines matières en CM1. Il a dû suivre des cours de rattrapage pendant l'été. Nous sommes en septembre, le petit Joseph commence son CM2, et Martine admet que le problème scolaire de son fils appartient au passé et qu'il n'est donc plus actuel. Mais elle se fait du souci tout de même, car les difficultés pourraient revenir. Dans ce cas, l'important pour Martine est de classer son souci selon ce qui le caractérise le mieux, de façon à pouvoir déterminer la stratégie qui serait la plus à même de diminuer ce souci.

Une erreur fréquemment commise consiste à estimer que le souci a trait à un problème actuel ou réel, alors qu'il n'y a pas « encore » de problème. Rappelez-vous : votre prise de conscience par rapport à vos soucis doit vous permettre d'améliorer votre capacité à savoir s'il y a déjà un problème ou si l'on craint l'apparition d'un problème.

Mémo

On considère souvent que le souci porte sur un problème actuel ou réel, alors qu'il n'y a pas « encore » de problème !

Deuxième objectif : modifiez votre degré d'intolérance à l'incertitude

---

La phrase

« Je voudrais tellement être certain que... »

Vous le savez maintenant : Martine se fait du souci pour la scolarité de son fils. Elle dit :

« L'an dernier, Joseph a eu des difficultés en mathématiques. Pendant plusieurs mois, il a été aidé par un professeur particulier. Il a également eu besoin de cours de rattrapage durant l'été. En ce moment, je me fais du souci parce que je ne suis pas certaine que les cours à l'école suffiront l'année prochaine. D'un autre côté, je voudrais être sûre qu'il a vraiment besoin de cours particulier avant d'engager quelqu'un. »

Martine voudrait connaître à l'avance les résultats scolaires de son fils durant l'année qui vient juste de commencer. Naturellement, comme elle n'est pas voyante, elle ne peut y arriver. Elle doit vivre avec une certaine part d'incertitude. Évidemment, c'est une condition à laquelle personne n'échappe : si les événements passés ou présents sont connus et certains, la certitude, l'avenir, par sa nature même, nous est inconnu, et y penser implique, *ipso facto*, une part d'incertitude.

L'incertitude d'une situation donnée n'est donc pas le seul facteur expliquant pourquoi certains se font plus de souci que d'autres. Pour un degré d'incertitude identique dans une situation précise, deux personnes ne vont pas nécessairement développer les mêmes soucis ni avec la même intensité. La capacité à tolérer l'incertitude associée à différentes situations joue un rôle déterminant dans l'apparition et le maintien des soucis excessifs.

La difficulté à tolérer l'incertitude, que nous avons appelée l'« intolérance à l'incertitude », correspond à une tendance excessive à tenir pour inacceptable la possibilité, si minime soit-elle, qu'un événement négatif puisse se produire. La personne qui éprouve des difficultés à tolérer l'incertitude tente d'éviter, de contourner ou d'éliminer l'incertitude de différentes façons. Toutefois, non seulement cette entreprise semble des plus ardues, mais elle est parfaitement impossible. Pourquoi ? Tout simplement, parce que l'incertitude ou, du moins, une certaine part d'incertitude fait partie de la vie.

➤ *Pour se faire moins de souci, il faut accroître sa tolérance à l'incertitude*

Une fois reconnu le rôle déterminant que joue l'intolérance à l'incertitude, il importe que vous déterminiez votre cible. Il est vain de chercher à augmenter votre degré de certitude à l'égard d'un élément (objet, phénomène ou événement) au caractère incertain, puisque l'incertitude ne dépend pas de vous mais de la vie ! Ce qu'il faut chercher à augmenter, c'est votre degré de tolérance à l'incertitude et devenir capable de vivre avec l'incertitude.

Comprendre que vous souffrez d'intolérance à l'incertitude est une première étape importante. Toutefois, pour modifier votre seuil de tolérance, cette étape de compréhension doit être suivie d'une seconde étape capitale : le passage à l'action !

Pour changer une attitude, pour corriger un comportement ou pour modifier une façon de penser, passer à l'action est le moyen à privilégier. Sur certains objectifs évidents, perdre du poids et arrêter, par exemple, de manger du chocolat. Vous savez bien que penser à ce qu'on veut changer ne suffit pas : il faut changer de comportement. Ce que l'on sait peut-être moins, c'est qu'il en va de même pour ce qui ne se voit pas clairement de l'extérieur. On peut être conscient de sa nervosité quand on parle en public, mais cette seule prise de conscience ne va pas suffire à diminuer son malaise. En revanche, s'exercer à parler devant un public, et le faire de manière répétée, permet de réduire sa nervosité, laquelle finira même par disparaître au bout d'un certain temps.

Pour augmenter sa tolérance à l'incertitude, comme pour changer n'importe quelle autre attitude d'ailleurs, on doit donc entrer en action. Le principe est d'agir comme si l'on possédait une tolérance à l'incertitude. Pour cela, on peut se poser la question suivante : « Si j'étais tolérant à l'incertitude, quelle action ferais-je dans une telle situation ? »

Il arrive souvent qu'on ait une idée de l'action que l'on doive accomplir, mais qu'on ne se sente pas en mesure de la mettre à exécution. Cette impression d'incapacité est très fréquente quand on souffre de TAG, surtout lorsqu'on est aux prises avec ce trouble depuis longtemps. Généralement, pourtant, cette impression n'est pas fondée. Aussi, pour changer cette impression, les personnes soucieuses ont avantage à accomplir des actions concrètes afin d'acquérir une meilleure tolérance à l'incertitude, d'abord dans des domaines ou des champs d'activité qui ne suscitent pas trop de soucis (il s'agit de commencer par le plus facile), ensuite dans les domaines et les champs d'activité qui sont des sources de soucis plus nombreux ou plus intenses.

Mémo

Définition de l'intolérance à l'incertitude : tendance excessive à considérer comme inacceptable la possibilité, si minime soit-elle, qu'un événement négatif puisse se produire.

Il est possible que vous ne vous sentiez pas à l'aise au moment d'adopter une conduite ou un comportement pour la première fois. Dites-vous qu'il est tout à fait normal d'être gêné dans une nouvelle situation. Cela ne signifie pas que le comportement est mal choisi ou qu'il ne doit pas être adopté. Si vous êtes embarrassé les premières fois, sachez que cette gêne ou cet embarras s'estompera au fil des répétitions. Contrairement à ce qu'on pourrait croire, la motivation la plus efficace ne précède pas l'action, elle la suit. En effet, la « satisfaction du devoir accompli » stimule et incite à poursuivre l'exercice. En outre, prendre conscience que l'on a été capable d'adopter un nouveau comportement augmente la confiance en soi.

De nombreuses situations sont idéales pour déterminer son seuil de tolérance à l'égard de l'incertitude — par exemple, téléphoner à un ami dans le seul but de le saluer et sans connaître d'avance sa réaction ; choisir un plat inconnu ou nouveau au restaurant ; acheter un cadeau à un proche sans avoir fait le tour de tous les magasins. Dans cette perspective, il est avantageux de dresser une liste des situations qui comportent une part d'incertitude et que l'on peut tester pour connaître ou vérifier son seuil de tolérance.

➤ *Le choix de Martine*

Voici ce que Martine a choisi de suivre comme nouveau comportement afin d'accroître sa tolérance à l'incertitude.

• Description de l'action : « Samedi dernier, j'ai eu un coup de fil d'une amie qui m'a proposé d'aller jouer au tennis. Cela faisait longtemps que je n'avais pas joué, et je n'étais vraiment pas certaine de la qualité de ma performance. J'ai essayé de trouver une excuse pour refuser, mais, après y avoir réfléchi, je me suis dit que c'était une bonne occasion de tester ma tolérance à l'incertitude. »

• Inconfort ressenti pendant l'action : « Juste avant la partie et au début de la partie, je me sentais nerveuse, j'éprouvais

même un certain inconfort physique et j'avais de la difficulté à me concentrer. »
• Pensées apparues pendant l'action : « Je ne suis pas en forme. Je n'aurais pas dû dire oui. Qu'est-ce que mon amie va penser de moi ? Trouve-t-elle la partie décevante ? »
• Observations après avoir fait l'action : « Finalement, je suis plutôt contente d'être allée jouer. Plus la partie avançait, plus j'avais de plaisir. Après, mon amie m'a dit qu'on devrait jouer plus souvent ensemble. Je suis d'accord avec elle. »

L'objet de l'exercice n'est pas lié à l'action que l'on choisit. Il s'agit plutôt d'apprendre à accomplir certaines actions concrètes, que l'on n'accomplirait peut-être pas en raison de la part d'incertitude qui leur est associée. Il importe d'avoir en tête que l'objectif poursuivi est d'acquérir de nouvelles habitudes par rapport à l'incertitude et d'affronter sa peur de se tromper. Plus l'action est concrète et circonscrite dans le temps, plus il est facile d'évaluer les effets de cette action sur sa tolérance personnelle à l'incertitude. Aussi, mieux vaut commencer par des actions toutes simples, qui peuvent sembler même banales, et les accomplir le plus souvent possible.

Attention : exprimer ou formuler une volonté théorique de changement donne rarement de bons résultats. Ainsi, essayer de moins se faire du souci ne représente pas une action concrète. Agir sur un comportement de sa vie quotidienne est plus réaliste et plus approprié. On ne diminue pas ses soucis seulement en se disant qu'on va arrêter de se faire du souci, il est préférable d'avoir pour stratégie d'augmenter son seuil de tolérance à l'égard de l'incertitude.

Troisième objectif :
corrigez vos croyances

La phrase
« Une chance que je me fasse du souci !... »

Lorsqu'elle pense aux personnes qui se font moins de souci qu'elle, Martine envie leur confort psychologique, mais elle hésite à dire qu'elle voudrait être comme elles. Écoutons-la : « Mes soucis me rendent anxieuse, c'est vrai, mais ils ont aussi une certaine utilité. Par exemple, le fait que je me soucie d'avoir un cancer du sein me pousse à être plus vigilante que les autres femmes qui ne s'en font pas. Moi, je n'aurai pas la surprise de m'entendre annoncer, un jour, que j'ai un cancer déjà avancé. Si j'ai un cancer, j'en aurai découvert les premiers symptômes, et il ne sera pas trop tard pour intervenir. Donc, en me faisant du souci, je préviens peut-être les pires conséquences de cette maladie. Il me semble que je me protège ainsi. Contre le fait d'être prise par surprise, d'être désemparée... »

Martine hésite à dire qu'elle voudrait se faire moins de souci parce qu'elle a le sentiment que se faire du souci a des avantages, que ses soucis la protègent, qu'ils lui sont utiles. Puisque Martine estime que ses soucis sont utiles, il est aussi normal que logique qu'elle souhaite les conserver ; elle les maintient donc, c'est-à-dire qu'elle continue à se faire du souci, en dépit des inconvénients évidents que cela comporte.

Dans le TAG, les croyances relatives aux bienfaits des soucis renforcent la tendance à se faire du souci. Celles-ci peuvent prendre différentes formes.

Exemples de phrases dangereuses

Le fait de me faire du souci :
— m'aide à régler mes problèmes ;
— me permet de trouver de meilleures solutions à mes problèmes ;
— renforce ma vigilance et m'aide à prévoir les problèmes comme à les éviter ;
— me permet d'être mieux armé quand survient un problème ;
— me permet de réagir de façon réfléchie en toute circonstance ;
— me rend plus efficace ;
— me donne de l'énergie pour vaquer à mes occupations ou mener mes affaires plus rondement ;
— m'assure une forme de protection contre des émotions négatives (déception, tristesse, surprise, culpabilité…) pour le cas où un événement fâcheux se produirait ;
— peut avoir un effet sur les événements qui arrivent ;
— me permet d'empêcher un malheur ou un danger ;
— témoigne de certaines qualités personnelles, par exemple que je suis une personne prévoyante et responsable, quelqu'un qui se soucie des autres, quelqu'un de bien.

➤ *Pour se faire moins de souci,*
il faut corriger ses croyances

Les croyances — et nous en avons tous — se forment et se construisent tout au long de notre vie. Elles sont déterminées par un ensemble de facteurs : l'éducation, les expériences personnelles, le milieu de vie, la culture. Il arrive fréquemment que les personnes souffrant de TAG entretiennent depuis très longtemps des croyances particulières sur le souci. Pour diminuer cette tendance à se faire du souci, il est indiqué de prendre le temps de s'interroger sur le bien-fondé de ses croyances et de voir dans quelle mesure elles sont vraiment utiles dans sa vie.

– *Une première façon de connaître ses croyances personnelles* à l'égard de ses soucis et d'évaluer leur pertinence consiste à dresser la liste des avantages et des inconvénients qui leur sont associés. Cet exercice permet de constater que se faire du souci entraîne de nombreux inconvénients et n'apporte aucun avantage réel.

– *Une seconde façon d'analyser ses croyances* et d'en vérifier le bien-fondé consiste à trouver des preuves établissant que la croyance est vraie. Dans ce cas, il importe de relever toutes les preuves possibles de la véracité de la croyance. Ensuite, il faut se faire l'avocat du diable et formuler des arguments qui démontrent la fausseté de cette croyance. Ici encore, il est important d'énumérer tous les arguments possibles à l'encontre de la véracité de la croyance. Enfin, il faut faire l'analyse de l'ensemble des arguments. Au terme de cette analyse, demandez-vous si votre croyance « tient toujours la route », si elle est vraie ou fausse.

➤ *Un exercice pour vous :*
faites l'analyse de vos croyances

Le tableau ci-après va vous permettre de faire cet exercice. Si vous le désirez, vous pouvez photocopier le tableau ou encore vous en inspirer pour créer votre propre tableau ou votre propre liste.

Liste des croyances relatives au souci

Croyance à propos d'un souci	Avantages du souci	Inconvénients du souci	Arguments qui appuient la véracité de la croyance	Arguments qui démontrent la fausseté de la croyance
1.				
2.				
3.				
4.				
5.				
6.				

Sans doute allez-vous remarquer, d'une part, les contradictions qui existent entre les deux catégories d'arguments et, d'autre part, la faiblesse de certains arguments. Il y a, en effet, des arguments qui reposent sur des impressions ou sur l'association de certains événements plutôt que sur des preuves formelles. À titre d'exemple, nous vous livrons les réponses à l'exercice de remise en question d'une croyance qui a été effectué par Martine et sa thérapeute à l'occasion d'une entrevue clinique.

➤ *Un exercice pour vous :*
remettez en question une croyance

En guise d'exercice, mettez-vous à la place de Martine et répondez aux questions que la thérapeute lui pose, en abordant une de vos croyances, en exploitant vos propres exemples et en tirant profit de vos expériences. Faites comme si la thérapeute vous interrogeait directement. Notez vos réponses de manière à approfondir votre réflexion.

➤ *Martine remet en question l'une de ses croyances*

Dans la discussion qui suit, Martine, guidée par sa thérapeute, remet en question une croyance qu'elle entretient depuis un certain temps et selon laquelle ses soucis à propos du cancer du sein sont utiles.

— THÉRAPEUTE : « Pouvez-vous décrire un souci excessif ? »

— MARTINE : « Je me fais du souci à l'idée d'avoir un jour un cancer du sein. »

— THÉRAPEUTE : « Est-ce que le fait de vous faire du souci pour cela comporte des avantages ? S'il y en a, quels sont-ils ? »

— MARTINE : « J'ai une impression de sécurité, car je crois que je peux "devancer" la maladie. »

— THÉRAPEUTE : « Est-ce que le fait de vous faire du souci pour cela comporte des inconvénients ? »

— MARTINE : « Oui. Des sentiments de peur, de l'inconfort, des tensions musculaires et, aussi, une espèce de lassitude liée au fait de toujours penser à cela, alors que je pourrais me détendre et profiter de ma famille. »

— THÉRAPEUTE : « Si vous comparez les avantages et les inconvénients, quelles sont vos observations ? »

— MARTINE : « Il y a beaucoup plus d'inconvénients que d'avantages. Et puis l'impression de sécurité, qui est le seul avantage que je trouve, n'est peut-être pas si juste. »

— THÉRAPEUTE : « À présent, exprimez précisément une des croyances positives que vous entretenez concernant le fait de vous faire du souci. »

— MARTINE : « Je crois qu'en me faisant du souci pour ma santé, et plus particulièrement pour un éventuel cancer, je vais pouvoir détecter rapidement le problème et, ainsi, éviter qu'il s'aggrave. »

— THÉRAPEUTE : « Qu'est-ce qui vous fait croire que votre perception est vraie ? Quelles preuves ou quels arguments avez-vous pour étayer la véracité de votre croyance ? »

— MARTINE : « Il existe des preuves de nature médicale : certains cancers peuvent être traités plus facilement et même guéris s'ils sont diagnostiqués tôt. »

— THÉRAPEUTE : « Si vous deviez démontrer que cette croyance est fausse ou erronée, quels seraient les arguments que vous avanceriez ? »

— MARTINE : « Que je me fasse du souci ou non, si la maladie doit me toucher, elle le fera. Et, même si un cancer est diagnostiqué tôt, ce sera quand même un cancer. Les chercheurs eux-mêmes ne savent pas avec précision ce qui cause cette maladie ni comment l'éviter. Je ne vois pas pourquoi, moi, je serais meilleure qu'eux ! »

— THÉRAPEUTE : « Si vous comparez les arguments et les contre-arguments, quelles sont vos observations ? »

— MARTINE : « Si je tiens compte de tous les éléments qui peuvent avoir une incidence, le fait que je me
fasse du souci ne joue probablement pas un très grand rôle
dans la prévention du cancer. Avoir des comportements
"normaux", par exemple passer des examens médicaux à
intervalles réguliers, paraît plus efficace et est probablement suffisant dans l'état actuel des choses. Donc, je n'ai
vraiment aucune raison de continuer à me faire du souci
à propos du cancer : je n'ai pas de preuve convaincante
que ce souci m'est utile, et il est évident que ce souci
m'apporte plus d'inconvénients que d'avantages. »

Ce type d'exercice favorise la reconnaissance du caractère non fondé des croyances entretenues à l'égard des soucis. Évidemment, il est plus facile de reconnaître ou
d'admettre rationnellement cet aspect lorsque l'on n'est pas
dans une période de soucis excessifs. Aussi est-il utile de
répéter l'exercice plusieurs fois et de remettre en question
des soucis aussi divers que variés afin de fortifier cette
« nouvelle croyance » selon laquelle le souci ne comporte
aucun avantage, ni pour soi ni pour son entourage.

Quatrième objectif :
améliorez votre orientation mentale
à l'égard de vos problèmes

La phrase

« Cette solution me permettrait d'exercer ma tolérance à
l'incertitude ! »

Vous avez identifié vos croyances à propos de vos
soucis et tenté de les modifier ? Vous sentez que vous êtes

arrivé à un résultat probant, du moins dans une certaine mesure ? Alors il est temps maintenant d'envisager les stratégies de résolution de problèmes propres aux deux grands types de soucis. Votre quatrième objectif porte sur la méthode à utiliser pour diminuer les soucis qui, chez vous, concernent un problème réel (actuel, récent ou connu), soit les soucis de type 1. La stratégie à exploiter pour les soucis de type 2 vous sera présentée avec le cinquième objectif.

Pour mieux détailler et comprendre la stratégie à privilégier face aux soucis de type 1, revoyons l'un des soucis de Martine. Souvenez-vous de ce qu'elle disait : « Dans la compagnie pour laquelle je travaille, l'horaire et la charge de travail ne sont pas constants, le travail arrive souvent par saccades. Dans les semaines plus remplies, je n'arrive pas à respecter toutes les échéances. Alors, forcément, certaines tâches prennent du retard. Aussi, si je fais des heures supplémentaires pour effectuer ces tâches, je me fais du souci pour ce que je ne fais pas à la maison pendant ce temps. Et, si je ne fais pas d'heures supplémentaires, je me fais du souci à l'idée de voir le travail s'accumuler au bureau. C'est une situation sans issue et, chaque fois, c'est la même chose : je ne sais pas quoi privilégier et j'essaie de tout faire en même temps. Je deviens alors de plus en plus fatiguée, ce qui me rend de plus en plus inefficace et ce qui fait que je ne peux pas passer à travers cette période sans y laisser toutes mes énergies. »

➤ Pour se faire moins de souci, il faut résoudre ses problèmes

Martine vit une situation difficile qu'elle juge sans issue. La perception qu'elle a de la situation est négative et stérile, car elle n'aide en rien à la recherche de solutions. Martine considère même qu'il n'y a pas de solution. C'est comme si elle se disait : « Ce problème est trop gros, je n'arriverai jamais à le régler. » Certes, il est normal que l'existence d'un problème suscite des soucis, mais ceux-ci peuvent devenir excessifs, en particulier en termes de durée, si la situation contrariante persiste et si le problème n'est pas résolu.

La façon dont on perçoit le problème constitue un élément déterminant du processus de résolution des problèmes. C'est peut-être même l'élément le plus important puisqu'il en est le point de départ et qu'il influe fortement sur les étapes subséquentes. Plus particulièrement, les personnes qui sont aux prises avec un TAG ont souvent une perception négative de leurs problèmes, ce qui les empêche d'exploiter efficacement leur habileté en matière de résolution des problèmes, et a pour effet de contribuer au maintien de leurs soucis.

Le processus de résolution des problèmes comprend un certain nombre d'étapes que nous allons examiner en détail les unes après les autres. Ces étapes sont au nombre de cinq. Il s'agit de :
• Percevoir le problème.
• Définir le problème et formuler des objectifs (à atteindre).
• Chercher des solutions.
• Choisir une solution.
• Appliquer la solution retenue et évaluer les résultats.

➤ *1. Percevoir le problème*

Il existe de très nombreuses façons de percevoir un problème, qui sont caractérisées, outre par nos réactions et la nature même du problème, par la connaissance que nous en avons, par nos expériences personnelles et par notre aptitude à résoudre ou à surmonter le type de problème en question.

On peut distribuer les nombreuses perceptions possibles le long d'un galon à mesurer ou suivant un continuum s'étendant entre deux extrêmes :

« Ce problème
constitue un défi
à relever. »

« Ce problème représente
une grande menace
pour mon bien-être. »

Une grande variété de perceptions se situe entre ces deux extrémités, depuis l'idée de trouver anormal qu'une entrave surgisse jusqu'au fait de considérer qu'il n'existe aucune difficulté.

Dans la vie personnelle, comme dans la vie professionnelle, tout ne va pas toujours « comme sur des roulettes ». Les difficultés font partie de la vie ! Toutefois, la perception que nous avons de l'obstacle est primordiale, car elle va avoir des incidences sur toutes les autres étapes du processus de résolution de problème. Une perception négative nuit, en effet, de différentes façons à la résolution des difficultés. Par exemple, une réaction négative dès le départ dessert la capacité de considérer l'élément contraignant de manière objective, de même qu'elle empêche de prendre le recul nécessaire. Dans certains cas, des situations épineuses ou pénibles sont vues, telles des épées de Damoclès, comme des menaces qui pèsent sur l'intégrité personnelle, car les seules conséquences anticipées portent atteinte à l'estime de soi. L'erreur cognitive qui est commise ici consiste à croire qu'il n'est pas normal qu'une embûche survienne ou encore que les conditions difficiles ou stressantes signifient qu'on n'est pas bon, qu'on est incompétent ou inefficace.

Percevoir négativement les difficultés qui se présentent engendre généralement des émotions négatives qui nuisent en retour à la perception de ces difficultés. C'est le serpent qui se mord la queue. En outre, centrer son attention sur les seuls aspects menaçants ou préoccupants d'un problème équivaut à se mettre un bandeau sur les yeux : cela brouille la compréhension générale du problème. La perception négative d'un obstacle ou d'une contrainte risque aussi d'entraver la recherche de solutions originales — découlant de la réinterprétation ou de la réévaluation de la situation — et d'empêcher le choix de la meilleure solution possible. Le danger est aussi de juger et de rejeter trop rapidement les idées qui apparaissent pour se tirer d'embarras puisque, à première vue, aucune solution ne semble appropriée ou « à la hauteur ». On stoppe ainsi le processus de résolution de problème, parce qu'on préfère ne rien choisir plutôt que de courir le risque de se tromper. Évidemment, le problème et le souci ne peuvent que persister dans ce cas…

Si, malgré tout, on parvient à choisir une solution, on risque d'avoir du mal à l'appliquer tant on est intimement persuadé qu'il ne vaut pas la peine d'essayer. En outre, anticiper un échec réduit la motivation à faire tous les efforts nécessaires pour surmonter une difficulté. Enfin, une vision négative du problème altère l'évaluation même des résultats obtenus à la suite de la mise en application de la solution. On aura tendance à ne pas s'attribuer le succès ou les résultats, et à estimer qu'on a eu de la chance ou bien à juger qu'un résultat négatif confirme l'aspect insurmontable et menaçant du problème.

Toute perception négative doit donc être corrigée si l'on veut surmonter efficacement une difficulté. Néanmoins, changer sa perception implique en premier lieu d'essayer d'établir des nuances et de faire preuve d'une certaine relativité. Celui qui a tendance à voir ses problèmes comme des menaces ou des pièges doit plutôt se demander : « Cette situation comporte-t-elle un défi pour moi ? Puis-je y apprendre quelque chose ? Puis-je en tirer quelque chose ? » S'il est difficile pour quelqu'un d'accepter le simple fait de se heurter à une difficulté, il lui est néanmoins possible de relativiser en se rappelant que tout le monde a des problèmes et que ce n'est pas le signe d'un déficit personnel, donc qu'il n'est pas « moins bon » que les autres. Il faut aussi garder en tête non seulement que certains problèmes sont plus difficiles à régler que d'autres, mais aussi que la résolution d'un problème exige du temps et des efforts, et ce, pour n'importe qui !

Revenons maintenant à Martine, qui a réussi à changer sa perception initiale, empreinte de peur et de menace, en une perception plus nuancée et plus positive. Si elle ne connaît pas encore la solution qu'elle apportera à son problème, Martine entrevoit dorénavant que celui-ci puisse être réglé. « Les semaines où il y a surcharge au travail sont très fatigantes pour moi, mais il existe sans doute des façons de passer à travers ces semaines sans en sortir aussi fatiguée et découragée que je le suis habituellement. Cette situation pourrait bien être, pour moi, l'occasion d'apprendre à mieux gérer mon temps. » Forte de cette nouvelle perception, Martine peut passer aux étapes suivantes.

➤ 2. Définir le problème et formuler des objectifs

Avant de tenter de régler un problème, il importe de le connaître et de le définir. Il arrive souvent, en effet, que l'on cherche une issue à des difficultés qui sont vagues et confuses. Il arrive aussi que l'on « mélange » les problèmes et que, l'on essaie d'en résoudre plus d'un à la fois. Il va sans dire que, si on tente de franchir plus d'un obstacle à la fois, les solutions risquent fort d'être boiteuses et décevantes.

➤ *Préciser les difficultés*

Il est essentiel, au moment où on prend conscience d'une difficulté, de chercher à la définir de façon *précise et concrète*. Une difficulté mal comprise ou mal définie suscitera le plus souvent des solutions partielles ou, pire, des tentatives de résolution qui risquent d'exacerber ou d'accroître la difficulté.

Pour cerner convenablement un problème, posez-vous les questions suivantes : « Que se passe-t-il vraiment et qu'est-ce qui me dérange exactement ? Qui est en cause ? Quels sont les éléments réels qui me gênent ? À quel moment et dans quelles circonstances cette situation se produit-elle ? » Regardons ce que Martine a répondu à ces questions.

➤ *Les réponses de Martine*

« Ce qui me dérange, c'est d'être fatiguée et décou-ragée parce que je doute de mes compétences chaque fois que survient une surcharge de travail, ce qui arrive envi-ron une fois par mois.

« Les personnes concernées sont mes patrons — ils sont deux —, mon mari et mes enfants.

« Plus précisément, je crois que je peux définir mon problème de la façon suivante : un ou deux jours par mois, lorsque mes patrons me demandent d'effectuer des travaux urgents, je voudrais arriver à faire ces travaux en plus de mes tâches habituelles et de mes activités à la maison, même si, concrètement, ce n'est pas possible. J'essaie de faire entrer trop de choses dans une journée qui ne compte que vingt-quatre heures, comme toutes les autres journées ! »

➤ *Se fixer des objectifs*

Les mêmes principes s'appliquent à l'égard de la formulation des objectifs personnels : ceux-ci doivent être *précis et concrets*. Si les objectifs qu'on s'est fixés sont vagues et confus, comment saura-t-on qu'on les a atteints ? Seuls des objectifs précis et concrets permettent d'établir que la démarche de résolution d'un problème est couronnée de succès.

Un autre principe entre en ligne de compte quant à la formulation des objectifs : ils doivent être *réalistes et atteignables*. Si vos objectifs n'ont pas ces deux qualités, vous risquez d'être déçu et de perdre confiance en votre capacité à résoudre des problèmes. Se fixer des objectifs précis et concrets, dans un premier temps, et réalistes et atteignables, dans un second temps, circonscrit le rayon d'action et améliore les moyens dont on dispose pour devenir un « expert » en résolution de problèmes.

➤ *Les objectifs de Martine*

Voici les deux objectifs que Martine souhaite atteindre au terme de sa démarche : « D'abord, me sentir moins fatiguée par les surcharges de travail, c'est-à-dire accepter de ressentir une fatigue normale causée par une journée de travail bien remplie, mais non une fatigue excessive comme en ce moment. Ensuite, ne plus douter de mes compétences de secrétaire et de mère quand j'ai une surcharge au travail, c'est-à-dire ne pas me traiter d'incompétente parce que je n'ai pas fait toutes les tâches en une seule journée. »

➤ *3. Chercher des solutions*

La présente étape consiste à faire l'inventaire le plus large possible des solutions existant à un problème. Il s'agit de parier sur la variété, l'abondance et la richesse, afin de maximiser les chances que la meilleure solution se trouve parmi les solutions répertoriées. Si simple et évident que puisse sembler ce principe — selon lequel il est plus probable de trouver la perle rare dans la multitude que dans la rareté —, on ne prend généralement pas le temps de dégager plusieurs solutions avant de se décider. Le plus souvent, on se contente d'une seule option et on la met en œuvre sans avoir pris la peine de considérer les autres possibilités. Pourquoi ? Parce que dégager des solutions de différentes espèces n'est pas aussi facile qu'il y paraît.

La première pierre d'achoppement est l'habitude. Certes, les habitudes peuvent aider à surmonter les difficultés, mais elles peuvent aussi, dans certains cas, entraver la solution. Par exemple, appliquer de vieilles façons de faire à de nouveaux problèmes peut rendre la solution inefficace. Une autre pierre d'achoppement est les convenances. En respectant de manière trop stricte les règles de la bienséance, on peut avoir l'impression de faire la « bonne chose », même lorsque celle-ci n'est pas la plus appropriée.

Pour trouver des solutions aussi variées que multiples, aidez-vous des principes suivants :

– *Principe de quantité.* Plus il y a de solutions émises, plus il y a de solutions de qualité disponibles.

– *Principe de variété.* Plus les différentes solutions sont variées, plus il y a de solutions de qualité disponibles.

– *Principe du report de l'évaluation.* Les solutions de qualité produites sont d'autant plus nombreuses que l'évaluation, ou l'examen, des solutions applicables n'est pas anticipée, mais maintenue à l'étape suivante, c'est-à-dire au moment de la prise de décision et de la sélection d'une solution. Pour le moment, il s'agit simplement d'émettre des idées de solution, non de les étudier et de les évaluer.

Si ces principes ne vous aident pas à trouver des solutions variées, n'hésitez pas à faire appel à votre entourage et à réaliser cet exercice à deux ou à trois. Votre objectif est de produire un certain nombre de possibilités (au moins dix), comprenant des solutions de toutes sortes, ce qui inclut également des idées farfelues, puisque celles-ci peuvent mener à d'autres idées moins saugrenues. Voyons maintenant les solutions imaginées par Martine pour résoudre son problème de gestion de temps.

➤ *Les solutions trouvées par Martine*

• Arrêter de travailler.
• Refuser le travail supplémentaire que mes patrons me demandent de faire.
• Demander à mes patrons de me libérer de certaines tâches quand ils réclament que j'accomplisse un travail urgent.
• Les jours où je fais face à une surcharge de travail, demander dès le matin à mon mari ou à mes enfants de préparer le dîner.
• Les jours de surcharge de travail, laisser à mon mari le soin de vérifier les devoirs du petit dernier et ne pas m'en mêler.
• Rester au bureau jusqu'à ce que j'aie terminé les travaux pressants.
• Quitter le travail au plus tard à 18 heures, et ce, quelle que soit l'urgence.

• Les jours de surcharge de travail, reporter au lendemain certaines des tâches ménagères que je dois faire à la maison.
• Les jours de surcharge de travail, utiliser un agenda pour planifier les tâches à remplir et fixer un ordre de priorité.
• Demander à mes patrons d'engager une secrétaire de plus.

➤ 4. Choisir une solution

Après avoir formulé un nombre satisfaisant de solutions pour résoudre le problème qui vous préoccupe, il est temps de passer à la prise de décision. Votre objectif est de choisir la meilleure solution possible parmi les propositions répertoriées. Gardez bien à l'esprit qu'il s'agit ici de choisir la meilleure solution possible, en considération du contexte, et non pas la solution parfaite. La recherche d'une idée qui convienne totalement et complètement est un obstacle de taille à la prise de décision, puisqu'il n'existe aucune solution parfaite !

Grosso modo, vous devez évaluer le pour et le contre de chacune des propositions retenues en vue de choisir la meilleure. Pour y parvenir, utilisez un « processus d'élimination ». Commencez par écarter les solutions qui apparaissent clairement inférieures, puis soumettez à une évaluation circonstanciée les solutions restantes.

Les questions suivantes vous aideront dans votre examen et guideront votre choix final :
• Que peut m'apporter précisément cette solution ?
• Quelles sont les conséquences de cette solution à court terme et à long terme ?
• Quelles sont les conséquences de cette solution pour moi et pour mon entourage ?
• Quelles sont les chances (les probabilités) que cette solution « fonctionne » ?

À partir des réponses données à ces quatre questions pour chacune des solutions qui restent, vous allez arriver à choisir une solution ou une combinaison de solutions qui présente d'intéressantes chances de succès et qui comporte des avantages à court terme comme à long terme, pour vous-même comme pour les personnes concernées par ce choix. À titre d'exemple, revenons sur les solutions trouvées par Martine et observons l'évaluation qu'elle a faite de chacune d'entre elles.

➤ Martine évalue ses solutions

• Arrêter de travailler. « Je ne veux pas arrêter de travailler ; j'aime mon travail la plupart du temps. » Solution à éliminer.
• Refuser le travail supplémentaire que mes patrons me demandent de faire. « Comme je suis leur secrétaire, je ne peux pas vraiment refuser de faire le travail qu'ils me demandent, et le problème n'exige pas une solution aussi draconienne. » Solution à éliminer.
• Demander à mes patrons de me libérer de certaines tâches quand ils réclament que j'accomplisse un travail urgent. « Cela m'aiderait à consacrer l'essentiel de mon temps à ce qui est vraiment prioritaire dans cette journée. Ces tâches devront, par contre, être faites plus tard, par moi ou par quelqu'un d'autre. » Solution à considérer.
• Les jours de surcharge de travail, demander dès le matin à mon mari ou à mes enfants de préparer le dîner. « Cela me permettrait de moins me soucier de l'heure à laquelle je termine et d'être plus concentrée sur le travail que j'ai à faire, au lieu de penser au repas qui m'attend. Cela rendrait ma fille aînée plus responsable à la maison et lui donnerait l'occasion d'accroître son autonomie. » Solution à considérer.

• Les jours de surcharge de travail, laisser à mon mari le soin de vérifier les devoirs du petit dernier et ne pas m'en mêler. « Mon mari est excellent dans cette tâche, et souvent le fait que je m'en mêle n'apporte rien de plus. En outre, cette solution me permettrait d'exercer ma tolérance à l'incertitude ! » Solution à considérer.

• Rester au bureau jusqu'à ce que j'aie fini les travaux pressants. « L'avantage évident, c'est que les tâches urgentes seront terminées lorsque je partirai et que je n'aurai pas à les finir le lendemain. Mais certaines tâches urgentes peuvent être longues et demander deux ou trois jours. Avec la fatigue, je serai moins efficace en soirée que si je reprends le lendemain. » Solution à éliminer.

• Quitter le travail au plus tard à 18 heures, et ce, quelle que soit l'urgence. « Cela pourrait être une façon pour moi de me fixer des limites. Mais je ne trouve pas très avantageux d'interrompre une tâche parce qu'il est 18 heures, si elle peut être terminée dans la demi-heure qui suit. » Solution à éliminer.

• Les jours de surcharge de travail, reporter au lendemain certaines des tâches ménagères que j'ai à faire à la maison. « Cela me forcerait et m'habituerait peut-être à diminuer mes exigences personnelles, en acceptant de laisser des tâches inachevées. Sûrement, cela favoriserait aussi l'autonomie des autres membres de ma famille. » Solution à considérer.

• Les jours de surcharge de travail, utiliser un agenda pour planifier les tâches à remplir et fixer un ordre de priorité. « Cela me permettrait d'organiser mes journées ; je me serais fait moins de souci à propos de toutes les tâches que j'ai à faire et je serais probablement plus efficace. » Solution à considérer.

• Demander à mes patrons d'engager une secrétaire de plus. « Cela pourrait être utile certaines semaines. Cependant, comme c'est une décision importante pour mes patrons, je préfère garder cette solution pour le cas où les autres solutions privilégiées ne marchent pas. » Solution à éliminer.

➤ Martine fait son tri

Après avoir considéré les bénéfices et les inconvénients de chacune des solutions, Martine est parvenue à faire un choix : « J'ai choisi de combiner les solutions nos 3, 4, 5, 8 et 9. Ces cinq solutions se complètent bien, puisque les troisième et neuvième solutions concernent directement l'organisation de mon travail, et que les trois autres ont trait à mon comportement à la maison. Les jours où je dois faire face à une surcharge de travail, je crois que, si je les explique correctement aux personnes concernées, ces solutions ont de bonnes chances de fonctionner. »

➤ 5. Appliquer la solution retenue et évaluer les résultats

Mettre en application la solution choisie et en évaluer les résultats constitue la dernière étape du processus de résolution de problème. À ce stade, la seule question que vous devez vous poser est : « La solution (ou la combinaison des solutions) que j'ai choisie me permet-elle d'atteindre mes objectifs ? »

N'oubliez pas : la mise en œuvre de la solution est déterminée, notamment, par les habiletés comportementales de chacun. Il se peut donc que vous ayez besoin de vous « exercer » avant de pouvoir appliquer pour de vrai la solution retenue. Pour cela, vous pouvez, par exemple, effectuer un jeu de rôle et vous comporter comme si vous étiez dans la vraie situation. Exercez-vous seul ou avec une personne qui n'est pas touchée directement par le problème. Il est plus facile à deux de vérifier si la façon de dire les choses est appropriée ou de constater si la manière d'agir qu'on a privilégiée est la bonne.

Une fois que vous avez appliqué la solution retenue, vous devez évaluer son effet sur le problème qu'elle est censée corriger, mais également sur votre humeur. En effet, si vous avez entrepris ce long processus de résolution de problème, c'est aussi pour améliorer votre « condition émotive ». Une solution efficace doit entraîner un soulagement manifeste sur le plan émotionnel.

Si la solution retenue ne vous permet pas d'atteindre, sur tous les plans, les objectifs que vous vous étiez fixés — ce qui est tout à fait possible —, vous devez revenir à l'étape de la prise de décision et opter pour une autre solution. En revanche, si la solution est efficace, vous ressentirez un réel apaisement, et le processus de résolution des problèmes sera terminé. Il sera temps, alors, de vous récompenser pour le travail effectué !

La mise en application de la combinaison des solutions choisies par Martine s'est faite en deux temps. D'abord, devançant une nouvelle surcharge de travail, Martine a parlé avec son mari et sa fille aînée pour leur expliquer les changements qu'elle souhaitait effectuer à la maison quelques jours par mois. Puis, elle a discuté avec ses patrons de la partie des solutions qui les concernait et elle s'est procuré un agenda. Lorsqu'une surcharge de travail s'est présentée, Martine a utilisé son agenda pour planifier sa semaine. Trois matins, elle a demandé à sa fille de se charger du dîner ; trois soirs, elle ne s'est pas occupée des devoirs de son fils et n'a pas posé de questions à son mari à ce sujet. Enfin, elle a décalé la lessive et le repassage de quelques jours.

À la suite de cette première surcharge de travail, Martine se dit satisfaite de la façon dont elle a procédé en situation. Elle a appliqué toutes les solutions qu'elle avait choisies. Elle a ainsi atteint ses objectifs : elle se sent moins fatiguée et a cessé de remettre constamment en question ses compétences. Elle dit qu'il ne lui reste qu'à continuer dans la même voie et à tirer parti de ces solutions chaque fois que se présente une surcharge de travail.

Cinquième objectif : diminuez l'évitement des pensées qui suscitent la peur

La phrase

Il faut affronter ses peurs pour les apprivoiser.

Nous abordons maintenant la stratégie à mettre en œuvre pour diminuer les « soucis de type 2 ». Rappelez-vous : ce sont les soucis qui ont trait à l'anticipation des conséquences, évidemment négatives, que pourrait engendrer un problème éventuel, c'est-à-dire un problème qui ne s'est pas encore produit et qui a, en réalité, très peu de risques de se produire. Arrêtons-nous à l'un des soucis de type 2 de Martine : « Mon mari voyage beaucoup pour son travail, et, chaque fois qu'il prend l'avion, je me fais du souci. Je me dis que, s'il fallait que son avion s'écrase et qu'il meure dans une telle catastrophe, ce serait une mort affreuse pour lui et une épreuve insurmontable pour moi. Je crains de ne jamais pouvoir m'en remettre. »

Martine se sent très anxieuse à l'idée que son mari puisse avoir un accident d'avion. Contrairement à son inquiétude relative aux surcharges de travail, où elle peut intervenir pour améliorer la situation et même résoudre le problème, Martine sait qu'elle ne peut changer quoi que ce soit lorsqu'elle se fait du souci pour la sécurité de son mari. Elle doit reconnaître qu'elle n'a aucune prise sur les voyages en avion de son mari. Or, comme il s'agit d'un problème qu'elle n'est pas en mesure de régler, elle ne dispose pas davantage de stratégie de résolution de problème à appliquer. Toutefois, si Martine ne peut pas intervenir sur l'événement qui suscite son souci, elle peut, en revanche, agir sur elle-même.

L'accident d'avion est une éventualité. Il est peu probable, mais il reste tout de même une éventualité. Certes, la probabilité qu'un accident de ce type se produise est minime, mais Martine ne tolère pas cette probabilité, si mince soit-elle. Comme la plupart des anxieux, Martine tente de chasser de sa tête ses soucis éventuels. Voilà qui est logique, puisqu'il n'y a en pratique aucun problème à régler et aucun moyen concret de surmonter son souci. Et puis, qui a envie de garder en mémoire des images terribles ? Malheureusement, essayer de ne pas penser aux événements qu'on craint le plus ne donne pas de résultats très fructueux, ni dans le cas de Martine ni chez la majorité des anxieux. Il existe une raison bien précise à cela : tentez de chasser une pensée, et elle revient plus vite ou plus souvent à l'esprit. Illustrons ce phénomène au moyen d'un petit exercice.

➤ *Un exercice pour vous :*
Pendant les trente prochaines secondes...

Prenez un chronomètre, une montre ou une horloge indiquant les secondes et observez la consigne suivante : pendant les trente prochaines secondes, vous ne devez pas penser à un chameau. Vous pouvez penser à tout ce que vous voulez, sauf à un chameau.

Que s'est-il passé ? Sans doute le mot « chameau » ou l'image de cet animal vous sont apparus à plusieurs reprises, en dépit de la consigne. Ce que vous observez avec le mot « chameau » porte un nom : le phénomène de la suppression de la pensée. Ce phénomène normal et banal explique que l'idée ou l'image de l'accident d'avion fasse sans cesse irruption dans l'esprit de Martine. Dans la même optique, essayons un nouvel exercice.

➤ *Un exercice pour vous :*
Pendant les trente prochaines secondes...

Prenez un chronomètre, une montre ou une horloge et observez la consigne suivante : pendant les trente prochaines secondes, vous ne devez absolument pas penser à... un tracteur rouge.

Quel est le résultat ? Pour nombre d'entre nous, un tracteur rouge n'est pas associé à quoi que ce soit. Pourtant, l'image d'un tracteur rouge s'est manifestée à votre esprit au moins une fois durant ces trente secondes, n'est-ce pas ?

➤ *Pour se faire moins de souci,*
il faut affronter ses peurs

Les anxieux ont souvent peu de succès quand ils essaient de mettre en application la solution que leurs amis ou leurs proches leur recommandent fréquemment, à savoir « arrêter d'y penser ». Cet insuccès a pour cause, évidemment, le chameau qui conduit le tracteur rouge. Euh !?... Blague à part, la difficulté à « arrêter d'y penser » est due à l'effet paradoxal de la suppression des pensées que nous venons de décrire.

La différence entre un soucieux et quelqu'un qui se fait du souci de façon normale ou modérée ne réside pas exclusivement dans l'intensité des soucis ni dans la capacité à arrêter de se faire du souci ; elle repose sur le fait que la personne qui se fait du souci de façon normale tolère beaucoup mieux l'incertitude face à ce qui peut arriver. Cette plus grande tolérance lui permet de « garder la tête froide » et d'évaluer la probabilité et la gravité des conséquences négatives liées à une situation ou à un événement éventuel de façon réaliste, ce qui n'est pas le cas d'une personne qui supporte mal l'incertitude. Celle-ci, comme tous les anxieux, va envisager les éventualités de façon plus dramatique, et le fait de percevoir les événements ou les situations de manière dramatique va susciter des pensées et des images plus tragiques ou plus horribles quant aux conséquences redoutées. On comprend dans de telles circonstances qu'un anxieux cherche à repousser ces scénarios catastrophiques qui sont porteurs de mauvaises nouvelles et sources d'angoisse. Malheureusement, cette réaction mentale ne règle rien, puisque les tentatives pour chasser une pensée ont pour effet d'en augmenter la fréquence…

L'intolérance à l'incertitude maintient donc les soucis en les emprisonnant dans un cercle vicieux. Toutefois, il est possible de briser ce cercle. Si essayer de ne pas penser au pire ne fonctionne pas, mieux vaut faire un effort de volonté et trouver le courage d'envisager et d'affronter (en pensée ou en imagination, bien sûr) les conséquences que l'on craint, même si celles-ci paraissent graves ou horribles. Moins on écarte l'image ou la pensée d'une situation qu'on redoute, plus on augmente la probabilité que cette image ou cette pensée disparaisse d'elle-même.

Votre principal exercice pour atteindre votre cinquième objectif consiste donc à vous représenter en imagination ce qui vous cause le plus de souci. Ce travail d'« apprivoisement » se nomme « technique d'exposition en imagination ». Nous allons vous la présenter en détail au moyen d'un exercice.

➤ Un exercice pour vous : la technique d'exposition en imagination

Pour cet exercice, nous vous conseillons d'enregistrer sur une cassette audio le scénario d'une situation que vous craignez particulièrement de manière à pouvoir l'écouter plusieurs fois. Munissez-vous donc d'un magnétophone pour l'enregistrement sur bande audio. Si vous n'en avez pas, nous allons nous arranger autrement, mais suivez bien les étapes.

• Prenez un papier et un crayon.

• Retirez-vous dans un endroit calme de la maison. Songez à un souci de type 2, c'est-à-dire une situation ou un événement que vous craignez et qui vous trouble lorsque vous y pensez.

• Décrivez en détail cette situation ou cet événement en précisant du mieux que vous le pouvez l'enchaînement des pensées qui correspond à la façon dont celles-ci se présentent à votre esprit lorsque vous vous faites du souci à ce propos (avant de commencer, et si vous avez besoin d'aide, vous pouvez consulter l'exemple que nous donnons plus loin).

• Préparez le magnétophone et la cassette audio. Enregistrez le texte de votre scénario en lisant chaque phrase lentement. Si vous n'avez pas de magnétophone, passez immédiatement à l'étape suivante.

• Prévoyez et réservez des moments libres durant la semaine. Installez-vous confortablement dans un endroit où vous ne serez pas dérangé. Commencez l'écoute de votre scénario préenregistré. Si votre scénario n'est pas enregistré, lisez-le à voix haute. Dans les deux cas, il est important d'imaginer les détails mentionnés dans chaque phrase. Essayez de « voir » l'objet de votre crainte. Surtout, n'essayez pas de chasser les images de votre esprit, même si elles sont très déplaisantes.

• Écoutez l'enregistrement ou lisez le scénario jusqu'à ce que votre anxiété diminue, c'est-à-dire jusqu'à ce qu'elle soit revenue à un niveau au moins aussi bas que celui où elle était avant que vous commenciez à vous représenter les images.

• Répétez l'exercice le plus souvent possible durant la semaine (tous les jours, c'est l'idéal).

• Lorsque vous constatez que l'écoute ou la lecture du scénario provoque beaucoup moins d'anxiété que les premières fois où vous avez fait cet exercice, passez à l'exposition en imagination d'un autre souci de type 2.

• Une fois que l'exercice d'exposition en imagination ne suscite à peu près plus d'anxiété chez vous, vous devez vérifier les manifestations, la fréquence et l'intensité de ce souci dans votre vie. Si vous appliquez la même technique dans votre vie de tous les jours, c'est-à-dire si vous ne chassez pas les images anxiogènes, mais supportez l'anxiété jusqu'à ce qu'elle diminue d'elle-même, vous constaterez aussi, inévitablement, une baisse de la fréquence et de l'intensité du souci en question.

À titre d'exemple, regardons le scénario qu'a composé Martine autour d'un de ses soucis les plus extrêmes. Il met bien en lumière l'enchaînement des conséquences qu'elle craint.

« Lundi matin, mon mari prend l'avion pour se rendre à Londres où il doit rencontrer des collègues de travail. L'avion roule sur la piste et se prépare à décoller. Il décolle, s'élève, puis une énorme secousse se produit, et l'avion redescend rapidement. Un moteur a explosé, il va s'écraser. Les passagers paniquent et se mettent à crier. André se cramponne à son siège. Le choc avec le sol est brutal, l'impact terrible, et André meurt sur le coup. Je n'arrive pas à le croire : mon mari est mort. Le jour des funérailles, le cercueil est fermé, le corps d'André a été déchiqueté dans l'accident. Jamais plus je ne pourrai le voir. Je vais pleurer le restant de ma vie. »

Pour faciliter l'exercice d'exposition en imagination, Martine a enregistré son scénario en le lisant lentement. Elle l'a ensuite écouté à plusieurs reprises. Au début, elle trouvait que son anxiété augmentait rapidement, mais, après un certain nombre d'écoutes, elle a constaté qu'elle atteignait un plateau, puis que son anxiété commençait à diminuer. Martine a écouté son scénario jusqu'à ce que son anxiété soit revenue à son niveau initial. Elle a fait l'exercice chaque jour pendant deux semaines.

S'exposer à ce qui fait peur, que ce soit de façon réelle ou en imagination, déclenche très normalement une réaction d'anxiété. Cependant, si les sensations liées à l'anxiété sont désagréables, elles ne sont pas dangereuses, contrairement à ce qu'on pense souvent. L'anxiété n'a jamais provoqué d'arrêt cardiaque ou entraîné de « perte de contrôle ». Certes, les symptômes qui lui sont attachés peuvent donner cette impression : en cas de fort accès d'anxiété, on croit que sa dernière heure est arrivée ou qu'on va devenir fou, mais aucun événement de ce genre n'est jamais arrivé à cause de l'anxiété. Il en est de même quand on « s'expose en imagination » : l'anxiété n'entraîne aucune conséquence dangereuse. Au contraire, le fait de vous mettre dans la situation inquiétante durant quelques minutes et de faire l'exercice de manière répétée va induire une baisse d'anxiété.

Pour prendre de la distance par rapport à ses craintes, les principes à respecter sont donc les suivants : accepter de « voir » ses peurs, ne pas essayer d'écarter les images qui inquiètent, mais s'obliger à les visualiser en détail et à envisager le pire. En ce qui concerne Martine, par exemple, le « scénario » de la mort de son mari dans un accident d'avion suscite toujours une part d'anxiété, mais l'exercice lui aura permis d'évaluer de façon plus réaliste la probabilité que ce scénario survienne et, donc, de dédramatiser son souci.

Sixième objectif : prévenez le retour des soucis

La phrase

Devenir plus solide pour empêcher le retour des soucis excessifs.

Le souci est un phénomène que tout le monde éprouve régulièrement. Il est donc normal que les anxieux, aussi, éprouvent de temps en temps, à l'instar de toute autre personne, une hausse de leurs soucis. Ces variations de niveau ou de degré de souci n'indiquent pas forcément une réapparition du problème initial. En revanche, la réaction face à la hausse momentanée de ces craintes va influer considérablement sur la durée de la période de soucis. Chez quelqu'un qui a déjà souffert de TAG, cette réaction sera déterminante pour l'intensité des soucis et de l'anxiété ressentie.

Évidemment, certains moments de la vie sont plus propices que d'autres aux soucis excessifs — périodes de stress élevé, saisons mornes, semaines de grande fatigue, périodes où le moral est moins bon ou, tout simplement, certains moments de la semaine, du mois ou de l'année. Il est également naturel que les événements de la vie et les états émotionnels aient une incidence sur le cycle des soucis.

Ne vous laissez pas abattre pour autant : essayez dans la mesure du possible de voir dans l'augmentation de vos soucis une occasion de mettre en pratique vos nouvelles connaissances et d'appliquer les stratégies qui vous ont déjà aidé à diminuer, voire à maîtriser votre tendance à vous faire excessivement du souci. Reprenez l'ensemble de la démarche, depuis la prise de conscience de l'intolérance à l'incertitude jusqu'aux diverses activités ou interventions se rapportant à chaque type de soucis, en passant par la correction des croyances personnelles relatives à l'utilité du souci. Dans de telles périodes, vous devez vous comporter comme si vous étiez votre propre thérapeute et jouer ce rôle au mieux : encouragez-vous à poursuivre les stratégies qui se sont révélées et qui se révèlent encore utiles, même si elles sont difficiles ou éprouvantes ; félicitez-vous et n'hésitez pas à vous récompenser pour vos efforts et vos succès.

Par ailleurs, plusieurs moyens sont utiles pour prévenir de nouvelles manifestations du TAG :

– *Vous pouvez isoler les périodes* où vous êtes le plus susceptible d'éprouver une hausse de vos soucis. Dressez-en la liste. Le fait de connaître à l'avance ces périodes d'anxiété potentielles permet à la fois de moins s'énerver quand réapparaissent de manière aiguë des craintes qui avaient diminué et de savoir plus clairement à quoi attribuer cette résurgence. À titre d'exemple, voici, établie par

Martine, la liste ayant trait aux périodes sensibles ou critiques en matière de soucis, c'est-à-dire de périodes où elle risque de connaître une hausse de ses soucis :

• Les moments où je suis surchargée de travail.

• Les périodes de transitions ou d'expériences importantes pour mes enfants (entrée dans une nouvelle école, recherche d'emploi, départ ou absence de longue durée, etc.).

• Les jours où je suis très fatiguée.

Comme Martine, conservez bien votre liste à portée de main pour pouvoir la consulter dès que le besoin s'en fait sentir.

– *Vous pouvez résumer en style télégraphique*, en quelques points rapides à lire, les stratégies qui se sont révélées les plus utiles pour diminuer vos soucis excessifs. Être en mesure de se rappeler rapidement les méthodes ou les techniques à appliquer permet de diminuer considérablement la durée d'une période de soucis.

– *Vous pouvez lire et relire régulièrement* des ouvrages sur le TAG pour toujours avoir en mémoire les éléments clés de ce trouble. Vous serez ainsi mieux armé pour reconnaître les signes précurseurs de souci et pour ne pas laisser des soucis normaux devenir excessifs.

Conseil

Surtout, ne laissez pas des soucis normaux devenir ou redevenir excessifs. Surtout, ne relâchez pas vos efforts : outre une meilleure connaissance des facteurs provoquant le retour des soucis excessifs, il existe désormais de très bons outils pour surmonter ses difficultés. En matière de TAG, aussi, tout problème a sa solution !

Suggestions de lecture

➤ *Sur le TAG*

BARLOW D. H., RAPEE R. M., BROWN T. A. (1992), « Behavioral treatment of generalized anxiety disorder », *Behavior Therapy*, 23, 551-570.

BORKOVEC T. D., COSTELLO E. (1993), « Efficacy of applied relaxation and cognitive behavioral therapy in the treatment of generalized anxiety disorder », *Journal of Consulting and Clinical Psychology*, 61, 611-619.

BUTLER G., FENNELL M., ROBSON P., GELDER M. (1991), « A comparison of behavior therapy and cognitive behavior therapy in the treatment of generalized anxiety disorder », *Journal of Consulting and Clinical Psychology*, 59, 167-175.

CRASKE M. G., BARLOW D. H., O'LEARY T. (1992), *Mastery of Your Anxiety and Worry*, Albany, New York, Graywind Publications.

DUGAS M. J., FREESTON M. H., LADOUCEUR R. (1997), « Intolerance of uncertainty and problem orientation in worry », *Cognitive Therapy and Research*, 21, 593-606.

DUGAS M., FREESTON M. H., PROVENCHER M., LACHANCE S., LADOUCEUR R., GOSSELIN P. (2001), « Le questionnaire sur l'inquiétude et l'anxiété : validation dans des échantillons non cliniques et cliniques », *Journal de thérapie comportementale et cognitive*, 11, 31-36.

DUGAS M. J., GAGNON F., LADOUCEUR R., FREESTON M. H. (1998), « Generalized Anxiety Disorder : a preliminary test of a conceptual model », *Behavior Research and Therapy*, 36, 215-226.

DUGAS M. J., GOSSELIN P., LADOUCEUR R. (2001), « Intolerance of uncertainty and worry : investigating specificity in a nonclinical sample », *Cognitive Therapy and Research*, 25, 551-558.

DUGAS M. J., LADOUCEUR R. (1998), « Analysis and treatment of generalized anxiety disorder », *in* V. E. Caballo (ed.), *International Handbook of Cognitive-Behavioural Treatments of Psychological Disorders* (p. 197-225), Oxford, Pergamon Press.

DUGAS M. J., LADOUCEUR R. (2000), « A new cognitive-behavioral treatment for Generalized Anxiety Disorder : evaluation in a single-case design », *Behavior Modification,* 24, 635-657.

DUGAS M. J., LADOUCEUR R. (2000), « Treatment of GAD : Targeting Wells, A. et Butler, G. (1997). Generalized anxiety disorder », *in* D. M. Clark et C. G. Fairburn (eds.), *Science and Practice of Cognitive Behavior Therapy* (p. 155-178), New York, Oxford University Press.

DUPUY J.-B., BEAUDOIN S., RHÉAUME J., LADOUCEUR R., DUGAS M. (2001), « Worry : daily self-report in clinical and non-clinical populations », *Behavior Research and Therapy,* 39, 1249-1255

GOSSELIN P., DUGAS M., LADOUCEUR R. (2002), « Inquiétude et résolution de problèmes sociaux : le rôle de l'orientation négative au problème », *Journal de thérapie comportementale et cognitive,* 12, 49-58.

GOSSELIN P., DUGAS M. J., LADOUCEUR R., FREESTON M. H. (2001), « Évaluation des inquiétudes : validation d'une traduction française du Penn State Worry Questionnaire », *L'Encéphale,* 27, 475-484.

GOSSELIN P., LANGLOIS F., FREESTON M. H., LADOUCEUR R., DUGAS M. J., PELLETIER O. (2002), « Le questionnaire d'évitement cognitif (QEC) : développement et validation auprès d'adultes et d'adolescents », *Journal de thérapies comportementales et cognitives,* 12, 24-37.

GOSSELIN P., TREMBLAY M., LADOUCEUR R., DUGAS M. J. (2002), « L'inquiétude auprès des adolescents : propriétés psychométriques d'une traduction française du Penn State Worry Questionnaire for Children », *Canadian Psychology/Psychologie canadienne,* 43, 270-277.

HEIMBERG R. G., TURK C. L., MENNIN D. S. (2003), *Generalized Anxiety Disorder : Advances in Research and Practice*, New York, Guilford Press.

LABERGE M., DUGAS M., LADOUCEUR R. (2000), « Modification des croyances relatives aux inquiétudes après traitement du trouble d'anxiété généralisée », *Revue canadienne des sciences du comportement,* 32, 91-96.

LABERGE M., FOURNIER S., FREESTON M. H., LADOUCEUR R., PROVENCHER M. (2000), « Structured and free-recall measures of worry themes : effect of order of presentation on worry report », *Journal of Anxiety Disorders,* 14, 429-436.

LADOUCEUR R., GOSSELIN P., DUGAS M. (2000), « Experimental manipulation of intolerance of uncertainty : a study of a theoretical model of worry », *Behavior Research and Therapy,* 38, 933-941.

LANGLOIS F., FREESTON M. H., LADOUCEUR R. (2000), « Differences and similarities between obsessive intrusive thought and worry in a non-clinical population : study I », *Behavior Research and Therapy, 38,* 157-174.

LANGLOIS F., FREESTON M. H., LADOUCEUR R. (2000), « Differences and similarities between obsessive intrusive thought and worry in a non-clinical population : study II », *Behavior Research and Therapy*, 38, 175-190.

LYONFIELDS J. D., BORKOVEC T. D., THAYER J. F. (1995), « Vagal tone in generalized anxiety disorder and the effects of aversive imagery and worrisome hunking », *Behavior Therapy*, 26, 457-466.

MOLLARD E. (2003), *La Peur de tout*, Paris, Odile Jacob.

ÖST L. G., BREITHOLTZ E. (2000), « Applied relaxation vs. cognitive therapy in the treatment of generalized anxiety disorder », *Behavior Research and Therapy*, 38, 777-790.

PELLETIER O., GOSSELIN P., LANGLOIS F., LADOUCEUR R. (2002), « Évaluation des croyances reliées à la santé : étude des propriétés psychométriques de deux nouveaux instruments évaluant les croyances présentes dans l'hypocondrie auprès d'une population non clinique », *Encéphale*, 28, 298-309.

PROVENCHER M. D., FREESTON M. H., DUGAS M. J., LADOUCEUR R. (2000), « Assessment of catastrophizing consequences of worry and fear structures of high and low worriers », *Cognitive and Behavioural Psychotherapy*, 28, 211-224.

WELLS A. (1999), « A cognitive model of generalized anxiety disorder », *Behavior Modification*, 23, 526-555.

WELLS A., BUTLER G. (1997), « Generalized anxiety disorder », *in* D. M. Clark et C. G. Fairburn (eds.), *Science and Practice of Cognitive Behavior Therapy* (p. 155-178), New York, Oxford University Press.

WELLS A., CARTER K. (1999), « Preliminary tests of a cognitive model of generalized anxiety disorder », *Behavior Research and Therapy*, 37, 585-599.

➤ *Sur d'autres troubles anxieux*

LE TROUBLE PANIQUE

MARCHAND A., LETARTRE A. (1993), *La Peur d'avoir peur*, Montréal, Éditions Stanké.

ÉMERY J.-L. (2002), *Surmontez vos peurs. Vaincre le trouble panique et l'agoraphobie*, Paris, Odile Jacob.

LA PHOBIE SOCIALE

ANDRÉ C., LÉGERON P. (1995), *La Peur des autres*, Paris, Odile Jacob.

LE TROUBLE OBSESSIONNEL-COMPULSIF

SAUTERAUD A. (2000), *Je ne peux m'arrêter de vérifier, compter, laver... Mieux vivre avec un TOC*, Paris, Odile Jacob.

LE TROUBLE DE STRESS POSTTRAUMATIQUE

SABOURAUD-SÉGUIN A. (2001), *Revivre après un choc. Surmonter le traumatisme psychologique*, Paris, Odile Jacob.

COMMUNICATION ET DIFFICULTÉS À S'AFFIRMER

BOIVERT J.-M. BEAUDRY M. (1978), *S'affirmer et communiquer*, Paris, Éditions de l'Homme.

GUNFI C. (2001), *Savoir s'affirmer*, Paris, Retz.

FANGET F. (2000), *Affirmez-vous ! Pour mieux vivre avec les autres*, Paris, Odile Jacob.

LES TROUBLES DE LA PERSONNALITÉ

LELORD F., ANDRÉ C (2000), *Comment gérer les personnalités difficiles*, Paris, Odile Jacob.

LA DÉPRESSION UNIPOLAIRE

CLERGET S. (1999), *Ne sois pas triste mon enfant, (La dépression chez l'enfant)*, Paris, Éditions Marabout.

LECTURES GÉNÉRALES

COTTRAUX J. (2001), *Les Thérapies cognitives*, Paris, Retz.

COTTRAUX J. (2001), *Les Thérapies comportementales et cognitives*, Paris, Masson.

LADOUCEUR R., MARCHAND A., BOIVERT J.-M. (2002), *Les Troubles anxieux*, Paris, Masson.

Adresses utiles

Société française de psychologie

71, avenue Édouard-Vaillant, 92774 Boulogne Cedex
Tél. 01 55 20 58 32 – 01 55 20 58 34
Courriel : sfp@psycho.univ-paris5.fr
Adresse Internet : www.sfpsy.org
Informations pertinentes concernant divers troubles psychologiques.
Liste de ressources en psychologie. Des liens vers d'autres sites sont
disponibles à partir du portail principal.

Association canadienne de psychologie

151, rue Slater, Suite 205
Ottawa, Ontario
K1P 5H3
Tél. (613) 237-2144 – Fax (613) 237-1674
Numéro sans frais : 1-888-472-0657
Adresse Internet : www.cpa.ca
Informations pertinentes concernant divers troubles psychologiques.
Disponible dans les deux langues officielles du Canada. Liste de ressources en psychologie. Des liens vers d'autres sites sont disponibles
à partir du portail principal.

Ordre des psychologues du Québec

1100, avenue Beaumont, Bureau 510
Mont-Royal (Québec)
H3P 3H5
Numéro vert : 1-800-363-2644

Phobies-Zéro

C.P. 83
Ste-Julie (Québec)
J3E 1X5
Tél. (450) 922-5964
Numéro sans frais : 514-877-5000, attendre la tonalité puis : 450-922-5269.
Adresse Internet : www.phobies-zero.qc.ca
Groupe de soutien et d'entraide pour les personnes vivant avec des peurs et des phobies.

La clef des champs

10780, rue Laverdure, Montréal, Québec, H3L 2L9
Tél. (514) 334-1587
Téléc. (514) 334-2127
Adresse Internet : www.cam.org

Association À la phobie (France)

Association pour personnes qui souffrent de phobies et de troubles d'anxiété.
Adresse Internet : www.alaphobie.com

Psycho-ressources

Adresse Internet www.psycho-ressources. com
Information sur divers troubles psychologiques et psychiatriques. Possibilité de faire une recherche par problème présenté et par région (ville et pays) pour trouver un psychologue traitant des problèmes spécifiques indiqués. Divers liens vers d'autres ressources.

Association pour l'étude, la modification et la thérapie du comportement

Site Internet : http://www.ulg.ac.be/aemtc

*Association francophone de formation
et de recherche en thérapie comportementale et cognitive*

Site Internet : http://www.afforthecc.com

Association française de thérapie comportementale

Site Internet : http://www.aftcc.org/

Table

Avertissement 7

Chapitre premier
ANXIÉTÉ, QUAND TU NOUS TIENS

L'anxiété, c'est quoi ? 10

Quand l'anxiété est-elle anormale ? 13

Les différents troubles anxieux 14

Les bons mots sur les bons concepts 17

De l'anxiété au souci 18

Êtes-vous soucieux ou anxieux ? 23

Êtes-vous anxieux ou bien avez-vous peur ? 24

Avez-vous peur ou bien êtes-vous phobique ? 25

Êtes-vous phobique, soucieux ou obsessionnel ? 28

Chapitre 2
DES SOUCIS PLUS GRANDS QUE NATURE

Les grands indicateurs de tendance 33

Les paradoxes d'un trouble 36

Une variété de thèmes, deux grands types de soucis 37

Histoire de Martine.. 38

D'où vient le malaise ?.. 46

Qui ? Quand ? Comment ? 52

Rien ne va plus ! 59

Du malaise au trouble : petit historique 61

Chapitre 3
GÉRER L'INCERTITUDE

Genèse d'un trouble.. 66

Entrée en matière.. 69

La machine anxieuse : ce qui maintient les soucis excessifs.. 71

En toile de fond : l'intolérance à l'incertitude 74

Les autres composantes mécaniques du TAG........................ 78

La dynamique du TAG.. 81

Chocs et contre-chocs.. 82

Chapitre 4
LA LIBERTÉ EST AU BOUT DU CHANGEMENT

Le traitement cognitivo-comportemental............................... 87

*Premier objectif : prenez conscience
de vos soucis et de votre anxiété*.. 92

*Deuxième objectif : modifiez
votre degré d'intolérance à l'incertitude* 101

Troisième objectif : corrigez vos croyances.......................... 107

*Quatrième objectif : améliorez votre orientation mentale
à l'égard de vos problèmes* 113

TABLE • 149

Cinquième objectif : diminuez l'évitement des pensées qui suscitent la peur... 128

Sixième objectif : prévenez le retour des soucis 135

Suggestions de lecture 139

Adresses utiles 143

DANS LA COLLECTION « POCHES PRATIQUE »

N° 1 : Dr Henri-Jean Aubin, Dr Patrick Dupont, Pr Gilbert Lagrue, *Comment arrêter de fumer ?*
N° 2 : Dr Serge Renaud, *Le Régime crétois : incroyable protecteur de notre santé*
N° 3 : Dr Dominique Petithory, *La Diététique de la longévité*
N° 4 : Dr Anne de Kervasdoué, *Les Troubles des règles*
N° 5 : Dr Philippe Brenot, Dr Suzanne Képes, *Relaxation et Sexualité*
N° 6 : Dr Jean-Philippe Zermati, *Maigrir sans régime*
N° 7 : Dominique Laty, Dr Jean-Bernard Mallet, *Le Régime des pâtes*
N° 8 : Dr Martine Ohresser, *Bourdonnements et sifflements d'oreille*
N° 9 : Dr Bernard Fleury, Dr Chantal Hausser-Hauw, Marie-Frédérique Bacqué, *Comment ne plus ronfler*
N° 10 : Dr Denis Vincent, Dr Lucile Bensignor-Clavel, *Rhume des foins et allergies*
N° 11 : Dr Vincent Boggio, *Que faire ? Mon enfant est trop gros*
N° 12 : Dr Gégard Apfeldorfer, *Maigrir, c'est fou !*
N° 13 : Dr Thierry Vincent, *L'Anorexie*
N° 14 : Pr Pierre Duroux, Pr Michel de Boucaud, Marie-Dominique Le Borgne, *Mieux vivre avec l'asthme*
N° 15 : Dr Éric Albert, *Comment devenir un bon stressé*
N° 16 : Dr Bernard Duplan, Dr Marc Marty, *Bien soigner le mal de dos*
N° 17 : Pr Gérard Slama, *Mieux vivre avec un diabète*
N° 18 : Didier Pleux, *Manuel d'éducation à l'usage des parents d'aujourd'hui*
N° 19 : Stephen et Marianne Garber, Robyn Spizman, *Les Peurs de votre enfant*
N° 20 : Dr Patrick Gepner, *L'Ostéoporose*
N° 21 : Dr Dominique Barbier, *La Dépression*
N° 22 : Dr Henri Rozenbaum, *La Ménopause heureuse*
N° 23 : Dr Jacques Fricker, *Maigrir vite et bien*
N° 24 : Dr Claude Hamonet, *Prévenir et guérir le mal de dos*
N° 25 : Dr Frédéric Fanget, *Affirmez-vous, pour mieux vivre avec les autres*
N° 26 : Dr Sylvie Royant-Parola, *Comment retrouver le sommeil par soi-même*
N° 27 : Didier Pleux, *Peut mieux faire. Remotiver son enfant à l'école*
N° 28 : Dr Dominique Servant, *Soigner le stress et l'anxiété par soi-même*
N° 29 : Dr Frédéric Fanget, *Toujours mieux ! Psychologie du perfectionnisme*
N° 30 : Dr Bruno Koeltz, *Comment ne pas tout remettre au lendemain*
N° 31 : Dr Jean-Luc Émery, *Surmontez vos peurs. Vaincre le trouble panique et l'agoraphobie*
N° 32 : Dr Frédéric Chapelle, Benoît Monié, *Bon stress, mauvais stress : mode d'emploi*

N° 33 : Christian Zaczyk, *Comment avoir de bonnes relations avec les autres*

N° 34 : Dr Stéphanie Hahusseau, *Comment ne pas se gâcher la vie*

N° 35 : Robert Ladouceur, Lynda Bélanger, Éliane Léger, *Arrêtez de vous faire du souci pour tout et pour rien*

Imprimé en France sur Presse Offset par

La Flèche (Sarthe) - le 26-05-2008

N° d'impression : 47183
N° d'édition : 7381-2110-X
Dépôt légal : juin 2008

Imprimé en France